行事の前に読み聞かせ

年中行事のお話55

文 深山さくら　監修 谷田貝公昭

はじめに

行事に親しんで、毎日をもっとハッピーに過ごしましょう

日本にはたくさんの年中行事があります。これらの行事は、もともとは宮中の公事のことをさしていましたが、やがて、一般の人たちの生活にまつわる行事や祭りなどが加わり、日本人の慣習として広く長く言い伝えられてきました。

年中行事は、保育所や幼稚園の楽しいイベントとして、子どもたちに親しまれているものがたくさんあります。

季節の訪れを感じとったり、神さまやご先祖さまに感謝したり、さまざまな約束事を学ぶのは、子どもたちにとってとても有意義なものでしょう。

また、行事から「なぜ?」「どうして?」と感じることで、昔の人たちが培ってきた、生活の知恵を学ぶことができます。

「どうして節分に豆をまくの?」「大晦日におそばを食べるのは、なぜなの?」。――行事には、いわれや由来があるからです。

また行事は、わたしたちの生活をより豊かにしてくれる重要な役割を担っています。

子どもと一緒に、行事に親しむことで、日本について新しい発見をしたり、楽しい気持ちになったりと、毎日をもっとハッピーに過ごすことができるでしょう。

この本の使い方

創作のお話

童話作家の深山さくらさん書き下ろしの、行事にまつわる創作のお話です。

小さな子どもたちに行事の内容を説明するのは、ちょっと難しいかもしれません。そんなときにお話を読み聞かせると、子どもにわかりやすく行事を伝えることができます。

5月 5日

5月

こどもの日（端午《たんご》の節句《せっく》）

お父さんのこいのぼり

かけるくんは、家族で、お父さんの田舎《いなか》に来ています。

「かけるくん、これ何だと思う？」

そういって、おばあちゃんが重そうに抱えてきたのは、こいのぼりです。色もあせて、見るからに、古い古いこいのぼりでした。

「おふくろ、もしかして、それ……」

かけるくんのお父さんは、とてもなつかしそうにいいました。

かけるくんは、おばあちゃんと一緒に、廊下にこいのぼりを広げながら、声を上げました。

「わあーっ、大きい！　だけど、穴も空いてるよ。ぼろだね、こいのぼり」

「ふふふ。ずいぶん古いでしょう？　これはね、かけるくんのお父さんのこいのぼりなの」

「えっ？　ほんと？」

かけるくんがびっくりしてふりかえると、お父さんは、にこにこうなずきました。

「お父さんが生まれたときだから、もう三十何年にもなるだろ」

おじいちゃんも、とてもなつかしそうです。

絵／うつみのりこ

18

「毎年、空にあげていたんだけど、とうとう破れてしまったのよ。つくろってはみたんだけどね。もう、布自体が弱くなってるでしょ。だから、このこいのぼりは、空を泳ぐことができないのよ」

おばあちゃんは、こいのぼりを優しくなでていいました。

「かわいそうなこいのぼりだね……」

かけるくんはそういいながら、でも、本当は、すごくすてきなこいのぼりだと思いました。

「かける、こいのぼりに、風を通してあげようか」

お母さんが、いいました。

「どうやるの？」

「しっぽを持って、立ってごらん」

お母さんは、こいのぼりの口の方を、かけるくんは、しっぽを持って立ちあがりました。

そして、

「そーれ！」

うえしたに、ゆっくり動かしてやりました。何度も何度も、大きく、ゆっくり。

すると、こいのぼりは、おなかに風をはらんで、まるで泳いでいるかのように見えました。

五月五日は、端午の節句。男の子の節句です。こいのぼりを上げたり、五月人形を飾ったりしてお祝いします。

どうして？　なるほど！　この行事の由来

こどもの日（端午の節句）昔は、女性の節句だった!?

5月5日は、子どもの健全な成長を願う国民の祝日で、「こどもの日」として親しまれています。またこの日は、「端午の節句」という行事の日でもあります。いまでも男の子のいる家庭では、こいのぼりをかかげたり、兜《かぶと》や五月人形を飾ったりする慣習がありますよね。

じつは、この「端午の節句」、奈良時代に中国から伝わった当初は、女の人の節句とされていたようです。その当時の5月5日、田の神に仕える「巫女《みこ》」とされていた早乙女《さおとめ》（田植えをする女性）たちが神聖な田植えの前、菖蒲《しょうぶ》の束を屋根の下にさし、小屋の中で田の神に祈りました。これは、早乙女たちが厄払いする儀式として、行われていたものです。

その後、鎌倉時代に、武士が儀式に使用していた「菖蒲」を「尚武＝武勇を重んじること」とかけたことから、男子の節句となり、男の子の誕生や成長を祝う日へと変化していきました。このため、男の子のお祝いというイメージが強くなったのでしょう。

19

行事名

子どもにぜひ伝えたい、日本の行事を55選びました。季節ごとに紹介しています。日にちとともに、行事名を子どもに教えましょう。

行事の由来

ここでは、行事のいわれや由来を紹介しています。

子どもに「なぜ？」「どうして？」と聞かれたときに役に立ちます。まずは、保護者や保育者が読んで知ることが大切。子どもにはわかりやすく説明しましょう。

もくじ

CONTENTS

ペンタ　空を飛ぶ

エープリルフール

上野動物園って、知ってる？　行ったこと、ある？

ある人もない人も、みんな聞いてね。


上野動物園が、今、すごいことになってるんだ。

ライオンのケンタが、おしゃれになって、たてがみを、シュッシュとブラッシングしたかと思ったら、きれいに結って、ピンクのリボンをつけてるらしい。

たてがみがリボンだらけなんだ。毎日、鏡とにらめっこさ。


それにね、アフリカ象のサナエなんだけど、がんばりやさんでね。

いっしょうけんめい、逆立ちの練習をしてるうちに、逆立ちどころか、鼻で歩けるようになったんだって。


ぴょん、ドスン、ぴょん、ドスン。

鼻でジャンプしながら行進さ。

キリンのシンタロウは、口笛《くちぶえ》を吹けるようになったんだって。

ヒュルヒュル、ピューピュー口笛吹いてるまわりを、ペンギンのペンタが、ぱたぱたぱたぱた飛びまわっている。


ペンタが飛べるようになったわけを、教えてあげよう。

まず、一番最初にやったことは、羽《はね》を羽《は》ばたかせることだ。

絵／長谷川知子

朝起きて、ぱたぱた。ごはんを食べて、ぱたぱた。
お散歩しながら、ぱたぱた。
友だちとおしゃべりしながら、ぱたぱた。
朝から晩まで、ぱたぱた。来る日も来る日も、ぱたぱた、ぱたぱた。
次にやったことは、走ることだ。
家のまわりを走った。おいっちに、おいっちに！
友だちのところまで、おいっちに、おいっちに！
動物園の隅《すみ》から隅まで、おいっちに、おいっちに！
足を高く上げて、羽を振って、おいっちに、おいっちに！
そのうち、かなりのスピードで走れるようになったんだ。
飼育係も真っ青さ。

そして、その日は、やってきた。
たたたたたたたたたたーっ！
助走をつけた。
ぱたぱたぱたぱたぱたぱたーっ！
羽を素早く動かした。すると、
すいっ！
ついに、ペンタは飛べたんだ。
それからというもの、空の上がお気に入りさ。

四月一日のきょうを、エープリルフールといいます。
こんな楽しいうそなら、ついていい日になっています。
さあ、みんなもついてみようよ、うそを。

どうして？なるほど！
この行事の由来

うそをつく「うそ」は「うその新年」からきていた!?

「エープリルフール」とは、日本語に訳すと「4月ばか」。1年のうち、この日は人を傷つけないような“うそ”をついてもいいといわれています。うそをつくのはあまりいいことではないはずなのに、どうしてこの日だけはいいのでしょうか？　由来は多くありますが、その中でも有名なのがシャルル９世のお話です。

中世ヨーロッパでは、春分が１年の始まりとされていました。そのため、3月25日から１週間、新年を祝い、最終日の4月１日にプレゼント交換をする習慣があったそうです。

ところが、ある日突然、当時のフランス国王シャルル９世が、「1月１日を新年にする」と言って、新暦に変えてしまったのです（これが現在一般的に使われているグレゴリオ暦です）。

このことに人々は強く反対し、シャルル９世に大抗議をしました。そして、1月1日（現在の4月1日）を「うその新年だ！」といって、大騒ぎ（ばか騒ぎ）するようになったのが、エープリルフールのはじまりといいます。

入園式

手をつなごう

あしたは、わんぱく園の入園式です。

「早くあしたにならないかなあ」

りすの子は、年長組のみんなと一緒に、歌の練習をしています。

「小さい組のお友だちが喜ぶように、元気に歌いましょうね」

ひつじ先生は、ピアノをポロンポロン弾きながらいいました。


いよいよ、きょうは、入園式。

りすの子は、受付で、入園するお友だちを待っていました。

「あっ、きたきた！」

くまの子が、お母さんと手をつなぎ、恥ずかしそうに、もじもじしながらやってきました。

りすの子はいいました。

「入園おめでとう！　わたしといっしょに行こう。手をつないであげるね」

くまのこは、うれしそうに、にこっと笑って、そっと手を差しだしました。

「優しいお姉ちゃんで、よかったわね」

どうして？なるほど！この行事の由来

期待と不安でいっぱいの園生活がスタート！

新しい園児を園に迎える最初の行事が「入園式」です。園児たちは、まったく新しい環境に、うれしさと期待の反面、戸惑いや不安でとても緊張しています。園児がリラックスして入園式に臨めるようにすることが大切です。

入園式は、園児を中心に行うものと考え、式自体にあまり時間をかけすぎないように心がけたいものですね。また、先生の印象で園児の気持ちもほぐれやすくなるので、明るく親しみやすい笑顔で迎えてください。優しく言葉をかけるなど、コミュニケーションも忘れずに。「園はこんなにすてきなところなんだ！　あしたから園に行くのが楽しみだな」と園児が感じられるよう心がけてください。

園は、園児にとって集団生活をおくる大切な場です。入園式はその第一歩。これから親元を離れ、園で同じ年代の子どもたちと一緒に経験したり、遊んだりすることで、社会性を学んでいきます。園での生活を楽しく過ごすことができるように、周りの大人たちが精一杯、気を配りましょう。

くまの子のお母さんがいったので、
りすの子は、ちょっとくすぐったくなりました。
くまの子の手は、りすの子よりもずっと大きな手でしたが、
ふるふるとふるえていました。
りすの子は、ふと、思いだしました。
自分の入園式のことを。
年長組のお姉さんに、手をつないでもらって、
ほっと安心したことを。
りすの子は、くまの子を見あげていいました。
「お姉ちゃんがなんでもおしえてあげるからね。
しんぱいしないでね」
「うん！」
そして、なかよく、入園式の会場に入っていきました。
りすの子たちは、お祝いの歌「小さい組さんこんにちは」を、
元気に歌います。
入園式が終わると、りすの子は、くまの子にいいました。
「あしたも来てね。お姉ちゃんと、いっぱいいっぱい遊ぼう！」
くまの子は、目をぱっちり、大きくうなずいて、
「お姉ちゃん、ありがとう！」
となりで、くまの子のお母さんが、
とてもうれしそうに、にこにこしています。

絵／なかむらようこ

4月
6日～15日

春の交通安全運動

飛びだし禁止

きつねくんが、ワクワク広場に行くと、園の友だちのぶたくんが、ブランコに乗って遊んでいました。

「ぶたくん！　サッカーして遊ぼうよ」

きつねくんはそういって、家から持ってきたサッカーボールを、ぶたくんの方にポンとけりました。

「うん、やろうやろう！」

ぶたくんは、ブランコからとびおりると、きつねくんに向かって、ボールをボコッとけりかえしました。

そこに、園の友だちのたぬきちゃんがやってきました。

「きつねくんとぶたくん。わたしも、サッカーに入れて！」

「うん」

「いいよ」

広場でサッカーです。

あっちに走ったり、こっちに走ったり、みんなで元気に遊びはじめました。

「いくぞー！」

ぶたくんが、ボールを思いっきりけると、

絵／なかむらようこ

ボールはいきおいよく飛んで、転がっていきました。
――ころころころころっ
「待てーっ！　ボール、待てーっ！」
きつねくんは、転がっていくボールを追って、たったか、かけだします。
ボールは、どこまでも転がっていきます。
ころころ、ころころ、どんどん、どんどん、転がっていきます。
きつねくんには、転がっていくそのボールしか見えていません。
だから、ボールが広場を飛びだして、道路に転がっていったことも、
その道路をダンプカーがやってくることも、きつねくんには分かりません。
――キキキキキーッ
けたたましい音がひびきます。ダンプカーの急ブレーキの音でした。
「きゃー！」

「きつねくん！」

ぶたくんとたぬきちゃんもかけてきました。

「だいじょうぶ？」

「ああ、こわかった……」

きつねくんは、もう少しでダンプカーにぶつかるところでした。

道路に飛びだすことは、大きな事故につながります。

きつねくんは、心に決めました。

絶対に飛びだしたりしないと。

ぶたくんもたぬきちゃんも、同じようにそう思っていました。

どうして？なるほど！この行事の由来

事故のない安心で安全な毎日を見直す日

日本は、明治に欧米の技術が入ったころから劇的に交通機関が発達しました。かごや馬から、自動車や電車へと移動手段が進化したのです。

とくに自動車が普及したことで、交通事故がとても多くなり、交通に関するルールや法律を急いで作らなければなりませんでした。

戦後まもない昭和23年、交通安全協会を中心に、警察、文部省（現在の文部科学省）、運輸省（現在の国土交通省）などの協力のもと、広く一般の人々に交通安全を普及させるために「交通安全運動」が実施されるようになりました。昭和51年からは、春（4月6日～15日）、秋（9月21日～30日）の年2回行われています。期間中には、交通安全を呼びかける講習会が開かれたり、町中でも垂れ幕や白いテントが見られたりしますね。

この運動をきっかけに、あらためて交通ルールを見直し、安全の意識を高めましょう。信号の見方や道路を歩くときの注意など、交通に関する大切なきまりを伝えてください。

4月 8日

花まつり（灌仏会《かんぶつえ》）

お花のおまつり

ある朝のことです。

ぞうくんが、にこにこ園に行くと、園はいつもとちょっと違っていました。

色とりどりのチリ紙で作った花が、玄関や廊下の壁、遊戯室や保育室の入り口を飾っています。

「あっ！　ここにもある」

お花は、トイレの入り口にもありました。

ぞうくんは、カバンを自分のロッカーにしまうことも忘れて、お花をあちこち探してまわりました。

「きれいだなあ。お誕生会かな？」

すると、友だちのうさぎちゃんがやってきていいました。

「お花のおまつりみたいだね」

「お花のおまつり！　ほんとだね」

「すっごくきれいね。二階も探してみようよ、ぞうくん」

「うん！」

階段を上って、二階に行きました。

「あれれ？」

どうして？なるほど！この行事の由来

お釈迦《しゃか》さまは、生まれたときからすごかった！

「花まつり」とは、仏教の教えを説いたお釈迦さまのお誕生日（4月8日）を祝う行事で、灌仏会《かんぶつえ》ともいいます。インドが発祥の地で、日本では推古天皇の時代に行われたのがはじまりとされています。

書物によると、こんなお話が書物に残されています。「お釈迦さまのお母さん（マカ・マーヤ）が、ある夜６つの牙を持った白い象が天から降りてきて体に入る夢を見ました。そして、里帰りをしている途中のルンビニという庭で休憩をしていたときに、お釈迦さまが生まれました。

生まれた子どもは、すぐに７歩も歩き、右手で天を、左手で地をさして『宇宙の中に自分より尊いものはない（天上天下唯我独尊《てんじょうてんげゆいがどくそん》）』といいました。すると、天から９匹の竜が降りてきて、甘い露をお釈迦さまに注ぎ、お釈迦さまの誕生を祝ったのです」

これをもとに、お釈迦さまの誕生日に、お寺ではたくさんの花で飾られた「花御堂《はなみどう》」という小さなお堂が作られ、その中にまつられたお釈迦さまの像に甘茶をかけてお祈りをするのが習わしとなりました。

二階の廊下にも、ホールにも、お花飾りは全然ありません。

がっかり。

「どうしたの？　ぞうくんにうさぎちゃん」

くま先生がやってきていいました。

「先生、お花のおまつりがないよ。下にはいっぱいあるのに」

と、ぞうくん。

「みんなで作ろうね。そうしたら、もっともっときれいになるわよ」

くま先生の言葉に、ぞうくんとうさぎちゃんは、

「わーい！」と、ジャンプ！

にこにこ園のみんなで、チリ紙を使って、

お花をたくさん作りました。

そして、廊下や保育室や、二階にもどんどん飾っていきました。

『讃仏歌《さんぶっか》』のメロディーが流れるホールで、くま先生が、

『おはなまつり』という紙芝居を読んでくれました。

「お釈迦《しゃか》さまのお誕生日だったんだ」

ぞうくんは、こっくりとうなずきます。

「お花まつりは、あしたよ。あしたの用意がちゃんとできたわね」

くま先生がいいました。

「お釈迦さまのお誕生日。どんなふうにお祝いするのかな？」

ぞうくんは、あした、園に来るのがとても楽しみです。

絵／なかむらようこ

こどもの読書週間

4月23日〜5月12日

4月
5月

この本、読んで！

さゆりちゃんは、毎週水曜日の午後、ママと町の図書館に行きます。気に入った絵本や紙芝居を、借りにいくのです。

　きょうは水曜日。

園が終わって、さゆりちゃんは、やっぱり図書館に来ています。

「ママ、きょうは、五冊借りたいな。ほら、これとこれだよ」

　さゆりちゃんは、絵本コーナーから選んできたおもしろそうな絵本を、ママに見せました。

　みきちゃんは、土曜日、ママと近所の本屋さんに行きました。ほしい本を、一冊買ってもらう約束です。

「どれがいいかなあ……」

　絵本や読み物の書棚《しょだな》から、気に入った本を探します。

「これがいいかな？　それとも、これにしようかな？」

　図鑑や、音の出る絵本などが置いてある書棚から探します。

　みきちゃんは時間をかけて、一冊の本を選びだしました。かわいいリスの写真絵本です。

どうして？なるほど！
この行事の由来

ゲームばかりでなく、よい本を読む習慣を

　こどもの日を含む4月23日〜5月12日までが「こどもの読書週間」といわれ、子どもたちに読書の喜びやすばらしさを教え、読書の習慣を身につける運動が推進されています。もともと11月3日の文化の日を含む10月27日〜11月9日までが「読書週間」だったのですが、昭和34年に、子どもたちに読書の楽しさを広めることを目的に作られたのが、「こどもの読書週間」です。

　最近では、テレビや各種ゲーム、インターネットなどの普及で、本を読む機会がとても少なくなり、大人だけでなく子どもの活字離れも急速に進んでいるといえます。

　読書は子どもたちの成長にとってとても大切なもの。いろいろな知識を得たり、想像力を養ったりすることで、人間形成に必要なことを本から学んでいくことができるのです。園や家庭でも、絵本を読む時間を作るなど、子どもが本に親しめる環境作りを、もっともっと心がけてください。

こうへいくんは、日曜日、パパといっしょに、デパートに来ています。

絵本作家の原画展があるのです。

「わーっ、大きな絵だ。たくさん並んでる！」

会場に入るなり、こうへいくんはびっくりした声を上げました。

「この絵が絵本になるんだね。この絵は、こんこんきつねっていう絵本の原画らしいぞ」

パパが教えてくれました。

こうへいくんとパパは、いろんな絵本の原画を見てまわります。

絵本の読み聞かせコーナーもありました。

「こんこんきつね」の、ちょっとかわいそうなお話を聞いて、こうへいくんは胸がじーんとしています。


さゆりちゃんも、みきちゃんも、こうへいくんも、本が大好きです。

自分で読むことも好きだけど、ママに読んでもらう方が、ずっと楽しくておもしろくて、好きです。

お風呂に入って、歯みがきをして準備オーケー。

ママのひざに、ちょこんと座るといいます。

「ママ、この本、読んで！」

でもね。実は、ママも、子どもとのこの時間が、とっても好きなのです。

絵／ゆーちみえこ

4月ごろ

お花見

にこにこお花見

きょうは、日曜日。朝からぽかぽかと、いいお天気です。
しんたろうくんは、パパとママと、
みゆき公園という所に、お花見に行くところでした。
車に、ママが作ってくれたお弁当を積みこんで、
さあ、出発！　パパが運転です。
「三日見ぬ間の桜かな。
これって、どういう意味だか知ってる人？」
ママがにこにこいうと、パパは張りきって答えました。
「知ってるさ！　桜って、いっせいにパッと咲くだろ。
三日見ないでいるうちに、あっという間に散ってしまうんだ。
ま、そんな意味かな」
「桜って、本当にきれいよね。わたし、だーいすき！」
ママがいいました。
「ぼくも！」
しんたろうくんは、助手席から、ママをふりかえります。
みゆき公園は、桜の花ざかりでした。

絵／うつみのりこ

公園は、小高い山になっていて、何本もの大きな大きな桜の木は、どれもこれも、満開の花を咲かせています。

「うわっ！　すごい」

しんたろうくんは、桜の花を見あげてスキップです。

「きれいだなあ。本当に、きれいだねえ……」

心が、うきうきしてきます。

「それに、いい匂いだなあ……」

花の甘い香りが、ぷんぷんしています。

しんたろうくんは、桜の香りを、うーんと胸いっぱい吸いこみました。

「桜の花を見ていると、なんだか幸せな気持ちになるわね」

ママも、うっとりしていいました。

「みんなで、お花見に来てよかったなあ」

パパも、にこにこいいました。

それから、桜の木の下に、ビニールシートを広げて座ると、お弁当を食べました。

園のことや、友だちのこと、いろんな話をしながら食べました。とってもおいしいお弁当でした。

「パパ、ママ、ボール遊びしよう！」

しんたろうくんは、ボールをかかえて、かけだしていきます。

タンポポや野の花に、モンシロチョウやミツバチが群れて、気持ちのいいお花見日和《びより》です。

どうして？なるほど！この行事の由来

春の大宴会の定番は、もとは神聖な占いだった!?

「お花見」といえば桜の花ですが、古来の日本では、桜はとても神聖な木と考えられ、桜の様子でその年の農作物の出来を占っていました。“花が咲くのは神さまが降りてきた証でよし。桜が早く散ると凶”とされていたそうです。

奈良・平安時代になると、貴族の間で桜を観賞して、詩歌などを楽しむ「お花見」がはじまりました。やがて、武士の間でもお花見が盛んになり、江戸時代になると庶民にも広まって、桜の下に人々が集まり、食べたりお酒を飲んだりする、いまのお花見のスタイルになりました。

日本でもっとも知られているお花見に、豊臣秀吉が醍醐《だいご》寺《じ》で行った「醍醐の花見」があります。これは、贅沢《ぜいたく》かつあまりの絢爛《けんらん》豪華さだったことから、ずっと言い伝えられて来たものです。

桜の時期になると、多くの人たちが公園などで宴会をしながら桜を満喫している光景がよく見られますよね。桜は、日本人にとって特別な存在といってもいいでしょう。清楚《せいそ》な美しさと短い期間ですぐに散ってしまう「はかなさ」が、日本人の心をとらえるのかもしれませんね。

5月
5日

こどもの日（端午《たんご》の節句《せっく》）

5月

お父さんのこいのぼり

かけるくんは、家族で、お父さんの田舎《いなか》に来ています。

「かけるくん、これ何だと思う？」

そういって、おばあちゃんが重そうに抱えてきたのは、こいのぼりです。色もあせて、見るからに、古い古いこいのぼりでした。

「おふくろ、もしかして、それ……」

かけるくんのお父さんは、とてもなつかしそうにいいました。

かけるくんは、おばあちゃんと一緒に、廊下にこいのぼりを広げながら、声を上げました。

「わあーっ、大きい！　だけど、穴も空いてるよ。ぼろだね、このこいのぼり」

「ふふふ。ずいぶん古いでしょう？　これはね、かけるくんのお父さんのこいのぼりなの」

「えっ？　ほんと？」

かけるくんがびっくりしてふりかえると、お父さんは、にこにこうなずきました。

「お父さんが生まれたときだから、もう三十何年にもなるだろ」

おじいちゃんも、とてもなつかしそうです。

絵／うつみのりこ

「毎年、空にあげていたんだけど、とうとう破れてしまったのよ。つくろってはみたんだけどね。もう、布自体が弱くなってるでしょ。だから、このこいのぼりは、空を泳ぐことができないのよ」

おばあちゃんは、こいのぼりを優しくなでていいました。

「かわいそうなこいのぼりだね……」

かけるくんはそういいながら、でも、本当は、すごくすてきなこいのぼりだと思いました。

「かける、こいのぼりに、風を通してあげようか」

お母さんが、いいました。

「どうやるの?」

「しっぽを持って、立ってごらん」

お母さんは、こいのぼりの口の方を、かけるくんは、しっぽを持って立ちあがりました。

そして、

「そーれ!」

うえしたに、ゆっくり動かしてやりました。何度も何度も、大きく、ゆっくり。

すると、こいのぼりは、おなかに風をはらんで、まるで泳いでいるかのように見えました。

五月五日は、端午の節句。男の子の節句です。こいのぼりを上げたり、五月人形を飾ったりしてお祝いします。

こどもの日(端午の節句)昔は、女性の節句だった!?

どうして?なるほど!

この行事の由来

5月5日は、子どもの健全な成長を願う国民の祝日で、「こどもの日」として親しまれています。またこの日は、「端午の節句」という行事の日でもあります。いまでも男の子のいる家庭では、こいのぼりをかかげたり、兜《かぶと》や五月人形を飾ったりする慣習がありますよね。

じつは、この「端午の節句」、奈良時代に中国から伝わった当初は、女の人の節句とされていたようです。その当時の5月5日、田の神に仕える「巫女《みこ》」とされていた早乙女《さおとめ》(田植えをする女性)たちが神聖な田植えの前、菖蒲《しょうぶ》の束を屋根の下にさし、小屋の中で田の神に祈りました。これは、早乙女たちが厄払いする儀式として、行われていたものです。

その後、鎌倉時代に、武士が儀式に使用していた「菖蒲」を「尚武=武勇を重んじること」にかけたことから、男子の節句となり、男の子の誕生や成長を祝う日へと変化していきました。このため、男の子のお祝いというイメージが強くなったのでしょう。

5月 10日〜16日

愛鳥週間

がんばれ、子スズメ

ゆうとくんは、園のカバンを下げて、庭でママを待っていました。これから、登園するのです。

——チチチチッ！

けたたましい小鳥の鳴き声に、ゆうとくんはびっくりして、声のする方にかけだしました。

どんぐりの木の根もとで、スズメが一羽、ぴょこぴょこはねているではありませんか。

「なあんだ……スズメか」

とても身近な鳥なので、ゆうとくんは、スズメのことを知っています。

「あれれ？」

よく見ているると、スズメは、飛びたくても飛びたてないって感じがします。

「どうしたのかな？」

そのときです。

——チチチチッ！

松の枝で、もう一羽のスズメが鳴いたかと思ったら、すーっと下りてきて、下にいたスズメのまわりをぴょこぴょこし始めました。

「あ、子どもとお母さんかも！」

アメリカ発の「バードデー」。野鳥と自然に親しんで

どうして？ なるほど！ この行事の由来

「愛鳥週間」は、野鳥などを愛し、大切にする保護週間です。ペンシルバニア州の校長先生が小鳥の保護をうったえる「バードデー」を考案し、それが環境保護団体の支援で、アメリカ全土に広まっていきました。

日本で実施された当初は、アメリカと同じ4月10日でしたが、東北地方などではまだ積雪があるため、野鳥観察などのイベントを開催しやすいようにと5月10日〜16日の1週間が「愛鳥週間」に定められました。この時期、各地で野鳥の保護や鳥を大切にすることを目的として、ポスターの作成や野鳥観察などさまざまなイベントや運動が行われています。

自然の少ない都会でも、ハトやスズメ、ヒヨドリなどは身近な鳥としてよく見かけますね。愛鳥とは、飼っている鳥をかわいがることだけではありません。野鳥に親しみ、自然や野鳥を保護する心を育てるという意味がこめられています。鳥の様子を観察したり、鳥の名前を勉強したり、鳥にまつわるお話を園児たちにしてみましょう。

ゆうとくんは、下りてきたのはスズメのお母さんで、木の根もとでぴょこぴょこしていたのは、子どものスズメに違いないと思いました。

——がんばって、羽ばたいてごらん。

さあ、お母さんといっしょに飛ぶ練習よ！

そんなふうに、子スズメを励ましているような気がしたのです。

——うん。ぼく、がんばる！

子スズメも、そう答えているような気がします。

「がんばれ、がんばれ。子スズメもお母さんもがんばって」

ゆうとくんは、そっと声に出していいました。

スズメたちは、木の根もとで、しばらくぴょこぴょこしていましたが、そろって飛びたちました。

「やったー！」

枝にとまって、チュンチュン鳴いています。

「ゆうと、おまたせ。さあ、園に行きましょう」

ママがやってきました。

「まあ、スズメが鳴いてるわ。とっても爽《さわ》やかで、いい朝が来たって感じよね。ママ、スズメのいる風景って、すごく好きだわ」

ゆうとくんは、ママの言葉にうなずきながら思っています。

園に行ったら、カナリヤにエサをあげようかな。カゴのお掃除もしてあげようかな。

さあ、ゆうとくん。ママと手をつないで、登園です。

絵／うつみのりこ

5月
第2日曜日

母の日

プレゼントなあに？

園長先生のくま先生が、園のみんなに聞きました。

「みんなのお母さんは、どんな仕事をしてるかな？」

「はい、おそうじです！」

ねずみの子が、小さな手を元気に上げていいました。

すると、あっちでもこっちでも、こんな声。

「おせんたく！」

「おかいもの！」

「ごはんをつくる！」

「おふとんをほす！」

「あかちゃんにミルクをあげる！」

園長先生は、にこにこしながらいいました。

「お母さんって、たくさんの仕事をしているんだね。すごいねえ」

すると、うさぎの子がいいました。

「ぼくんちのお母さんは、くるまのうんてんもするよ！」

「ぼくんちなんか、あかちゃんをうむんだよ。

もうすぐ生まれるんだよ」

ぶたの子も、うれしそうにいいました。

5月

絵／なかむらようこ

「そうかい、そうかい。お母さんて、たいへんだね。それで、みんなは、どうするんだい？」

園長先生は、一人ひとり見つめていいました。

みんなは、口々にいいました。

「おてつだいしたよ、ぼく。おにわのごみをひろったんだ」

「わたしもしたよ。いっしょにそうじきをかけたの」

「ぼく、お母さんのかたをたたいてあげたよ。そうしたら、すごくよろこんでた」

「あかちゃんと遊んであげた」

「じぶんのことは、じぶんでする」

「わたし、なんにもしてないかも……。ありがとうって、いおうかな」

りすの子が、恥ずかしそうにいいました。

「あしたは、母の日です。お母さんの絵を描いて、あしたプレゼントしましょう」

園長先生の言葉に、みんなは、「はーい！」

お母さんの顔を思いうかべながら、いっしょうけんめい絵を描きました。

お母さんの顔のとなりに、自分の顔を描いた子もいます。まわりに色とりどりの花を描いた子や、真っ赤なカーネーションを描いた子もいます。

みんな、あしたがとても楽しみです。

どうして？ なるほど！ この行事の由来

プレゼントのカーネーションは、赤と白!?

「母の日」は、お母さんへ、日ごろの感謝とともにカーネーションやメッセージカード、プレゼントを贈ることでよく知られていますね。これは、20世紀のはじめにアメリカのアンナ・ジャービスという女性が、亡くなったお母さんへの感謝の気持ちから追悼式を行ったことがはじまりといわれています。このときジャービスは、生前、お母さんが好きだったカーネーションをささげ、参列者にも配ったのです。

その後、この習慣がアメリカ全土に広がって母の日となり、戦後になると、日本でも教会から徐々に一般の人に広まっていきました。

いまでは、赤いカーネーションを贈るのが一般的ですが、亡くなってしまったお母さんに贈る場合は、白いカーネーションを胸に飾るのがもともとの習慣だそうです。

カーネーションの花言葉は「母への愛情」。カーネーションを渡すだけでなく、毎日家族のために働いてくれるお母さんにぜひ「ありがとう」の気持ちを伝えましょう。

6月 4日〜10日

歯の衛生週間

ムシバキンの敵

――へーんしん！
歯についた食べかすが変身して、
虫歯菌のムシバキン一号が誕生した。
――えっへん！　おれさまは、ムシバキン一号だ。
おまえの歯を、どんどんとかしてやるー。
かずきくんの口の中で、ムシバキンが大暴れを始めた。
かずきくんは、気がつかない。
お菓子をむしゃむしゃ、ぼりぼり食べつづけている。
いつまでも食べつづけている。
――へーんしん！　あたしは、ムシバキン二号だよ。
おまえの歯を、どんどんとかしてやるよ！
――へーんしん！
――へーんしん！
かずきくんの口の中で、ムシバキンが増え続け、
ちょっとずつ歯をとかしているのに、かずきくんはまだ気がつかない。
おいしいお菓子をぽりぽり、さくさく食べつづけている。

どうして？　なるほど！　この行事の由来

毎日の歯みがきとバランスのよい食事で虫歯予防

6月4日〜10日は「歯の衛生週間」です。昭和3年、日本歯科医師会により、虫歯予防デーが実施されたのが6月4日。「虫歯」のム(6)シ（4）にかけたユニークな記念日です。

人は赤ちゃんのとき、歯は1本も生えていませんが、3歳くらいまでに20本の乳歯が生え、小学校にあがるころには永久歯に生え変わります。個人差はありますが、大人になると全部で28本〜32本になるといわれています。

では、どうして人は虫歯になるのでしょう？

これは、ミュータンスという菌が食べもののかすとともに歯垢《しこう》を作り、酸を出して歯をむしばむからなのです。食べかすが口の中に残っている時間が長いほど、この菌が増えやすくなるので、食後はすぐに歯みがきをして、きれいに食べかすを落とすようにしましょう。

また、カルシウムやビタミンなどは、丈夫な歯を作るために大切な栄養素です。お菓子ばかりでなくバランスのよい食事も意識しましょう。

――へーんしん！

まりなさんの口の中でも、ムシバキン一号が誕生した。

「ごちそうさま」

まりなさんは、洗面所に行って、歯みがきを始めた。

――シュッシュッ　シャッシャッ

ブクブク　ブー

「や、や、やめるんだ！　歯みがきは、おれたちの敵だ……」

ムシバキンは、あえなくダウン。

ある日のこと、かずきくんの歯が痛みはじめた。

「痛いよー！」

かずきくんは、お母さんと歯医者さんに行った。

「虫歯は虫歯でも、そんなにひどくないから、すぐに治るよ。がんばって来たんだね」

かずきくんの口の中をのぞいた歯医者さんは、にっこり優しくいった。

――や、や、やめろ！　歯医者さんは、おれたちの敵だ！

ムシバキン一号二号三号四号五号……九十八号九十九号百号は、かずきくんの口の中で、おしあいへしあい、たいへんな騒ぎ。

――やめろ！　治療は、やめてくれ！

みんなの口の中は、どうかな？

絵／長谷川知子

時の記念日

五時のチャイムが鳴ったよ

ひろびろ野原公園で、うさぎちゃんとねずみくんとぶたくんが、かくれんぼをして遊んでいました。

「うさぎちゃんとぶたくん、どこにかくれたのかな？　見つかんないなあ」

ねずみくんは、さっきからずっと鬼です。

あれ？　どんぐりの木の陰に、ぴょこぴょこ動いているあの耳は……。

「うさぎちゃん、みっけ。やっとみつけた！」

つぎは、ぶたくんです。

「どこかな？　どこかな？」

すべり台の下にも、ジャングルジムの向こう側にもいません。

木の陰にも、ベンチの下にも、どこにもいません。

あれ？　草むらに、くるりんとある、あのピンクのしっぽ。

もしかして……。

ねずみくんは、野原に走っていって、

「ぶたくん、みっけ！　今度は、うさぎちゃんが鬼だよ。ぼく、かくれようっと！」

ねずみくんが、うれしそうにそういったときです。

——カラーン　コローン

夕方の五時を告げるチャイムの音が、聴こえてきました。

絵／なかむらようこ

「おうちにかえらなくっちゃ！」

うさぎちゃんがいいました。

「ええっ？　だって、ぼくがかくれる番だよ」

「しかたないわよ。五時だもの」

「鬼になりたくないんでしょ、うさぎちゃん」

ねずみくんが、ぷんぷんいいました。

「そんなことないわよ。五時のチャイムが聴こえたら、帰らなくっちゃ。わたし、ママと約束してるんだもん。ねえ、ぶたくん」

「うん。ねずみくんもそうでしょ。帰ろうよ」

ぶたくんがいいました。

「いやだ！　うさぎちゃんが鬼だよ。ぼく、かくれるからね」

ねずみくんはそういうと、ダーッとかけだしていきました。

「しょうがないわねえ。じゃ、一回だけよ」

うさぎちゃんは、くるっと背を向けると、数えだしました。

「いーち、にーい、さーん。もういいかい？」

「まーだだよー」

と、ねずみくん。

――五時になったら帰っていらっしゃいね。

木の根もとにかくれたねずみくんの耳に、ママの声が聞こえた気がしました。

「どうしよう……」

ねずみくんの胸はどきどき。

「やっぱり、帰ろう！」

ねずみくんは、ぴょんと飛びだしていいました。

「うさぎちゃん、ぶたくん、ごめんね。みんなで帰ろう！」

どうして？なるほど！この行事の由来

時が刻まれた日に、時間の大切さを教えたい

日本ではじめて時間が正式に告げられたのは、1300年以上前の天智天皇のときでした。671年の4月25日に、はじめて「漏刻《ろうこく》」という水時計が設置されたのです。この時計はそのころ使われていた日時計よりもずっと正確だったそうです。また、当時は太陰暦という古い暦《こよみ》を使っており、4月25日をいま使われている太陽暦になおすと6月10日になるので、この日が「時の記念日」になりました。大正9年から生活改善同盟会によって広く実施されています。

時の記念日は、「時間をきちんと守り、合理的な生活を送る」ことが目的です。最近はデジタル時計なども多いのですが、園児たちに文字盤や針のある時計を見せながら、長針と短針の意味を説明したり、時刻について教えたりしてみてください。時刻に関心をもたせ、時間を守る習慣を身につけさせましょう。「おやつは何時に食べるのかな？」「決められた時間に遅れると、周りのお友だちが困っちゃうね」など、園での日々の事柄に関連させると、時間の大切さを伝えやすいかもしれませんね。

6月
第3日曜日

父の日

お父さんのおしごと

うさぎの子が、くまの子に聞きました。
「ねえ、くまくんちのお父さんは、どんなしごとをしているの？」
くまの子は、首をかしげました。
「どんなしごとかな？」
（お父さんは、いえにいたり、いなかったり。
いえにいても、ぐーぐーねむっていたり……）
くまの子は、自分のお父さんが
どんな仕事をしているのか知りませんでした。
「ぼくんちのお父さんは、やおやさんだよ。
やさいやくだものを売ってるんだ」
うさぎの子がいいました。
「かばくんちは、レストランだって。
やまねくんちのお父さんは、お医者さん。
きつねくんちは、歯医者さん。
ぶたくんちは、ケーキやさんだって。えっと、それから……」
うさぎの子の話は、まだまだ続きそう。
くまの子は、家に帰ると、お母さんに聞きました。

白いバラと黄色いリボンで、お父さんに感謝！

どうして？なるほど！
この行事の由来

母の日にならって、アメリカではじまったのが「父の日」です。1910年、ワシントン州のジョン・ブルース・ドット夫人の「母の日だけでなく、父の日も作るべき」という男女同権の呼びかけから、お父さんに感謝する日として設けられました。

母の日に、カーネーションを贈ることはよく知られていますが、父の日は、白いバラがシンボルといわれています。これは、ドット夫人が男手一つで六人の兄弟を育ててくれた父親をしのんで、亡き父の墓前に白いバラをささげたことが由来です。また、幸福や希望の象徴である黄色が父の日のイメージカラーともいわれており、黄色いリボンやハンカチなどを贈る習慣があるそうです。

日本の園や学校では、父親参観が行われることが多いようです。日ごろ仕事で忙しいお父さんが教育に参加する機会として、家庭とは違った園児の姿を見てもらいましょう。そして、園児たちのお父さんに対する感謝の気持ちを育て、家族のコミュニケーションを深めるように促してください。

「お父さんのおしごとって、なあに？」

お母さんは、くすくす笑っていいました。

「それなら、これから、見に行ってみる？」

「うん！」

元気に返事したくまの子は、
お母さんと一緒にバスに揺られて村の駅まで行って、
それから、電車に乗って町の駅まで行って、
それから、てくてくとたくさん歩きました。

「見てごらん。ほら、あそこよ」

お母さんが指さしたのは、交番でした。

お巡《まわ》りさんの制服を着て、帽子をかぶって、
交番の前に立っているのは……。

「あっ！　お父さんだ！」

くまの子は、びっくり。

お父さんは、お巡りさんだったのです。

交番には、次から次と、町の動物たちがやってきます。

お父さんお巡りさんは、にこにこ応対しています。

ときどき、ポケットからハンカチを取り出して、
おでこの汗をぐいぐいぬぐっています。

（お父さんって、かっこいいな。お父さんって、すごいな。

お父さんって、たいへんだな）

くまの子は、お母さんと手をつないで、帰りました。

くまの子は、思っています。

お父さんが帰ってきたら、『おしごと、おつかれさまでした』っていおう。

絵／なかむらようこ

6月23日

オリンピック・デー

スポーツのおまつり

あゆみちゃんは、パパとオリンピック開会式をテレビで観ていました。

「きれい！」

美しい衣装をまとい、音楽にのって踊る人たちがいます。

空を焦がす花火がいくつも上がっています。

国名が書かれたプラカードを先頭に、各国の選手団が、楽しそうに手を振りながら入場してきました。

スタンドには、大勢の観客たちが見えます。

「オリンピックって、おまつりみたいね」

と、あゆみちゃん。

「そうだね。オリンピックは、スポーツのおまつりともいわれているんだよ。世界中の国から、たくさんの選手が集まって、いろんな種目で力と技の競い合いをするんだ」

パパは、言葉を続けました。

「オリンピックって、四年に一度開催されることを、あゆみは知ってたかい？」

「ううん、知らなかった」

絵／くすはら順子

「ずっとずっと昔、ギリシャという国は、たくさんの小さな国に分かれていてね。争いがたえなかったんだって。そこで、どうしたと思う？」

「みんなでなかよくすればいいと思うけど……」

あゆみちゃんはつぶやきました。

「そのなかよくする方法を、国を代表する人たちが集まって考えたんだ」

いい方法が見つかったのかなあと、あゆみちゃんはドキドキしました。

「たまにみんなで集まって、スポーツを楽しもうじゃないかってことになったんだよ。四年に一度、オリンピアというところでスポーツの大会を開こう！ってね」

「もしかして、それがオリンピック？」

あゆみちゃんは声を上げました。

「そうだよ。それが、オリンピックの最初なんだ」

テレビには、いろんな国の選手団が映しだされていました。プラカードがいくつもいくつも並んでいます。

あゆみちゃんの知らない国も、たくさんありました。

「すごいね！ 世界には、いっぱい、国があるんだね、パパ」

「ああそうだね。オリンピックは、世界中の人たちとなかよしになるおまつりでもあるんだよ。パパはね、そう思っているんだ」

「そっか！ わたしもみんなとなかよしになりたいなあ」

あゆみちゃんはいいました。

開会式は、華やかに繰り広げられています。

どうして？なるほど！この行事の由来

第一回目のオリンピックを記念して　世界平和を願う

4年に1度開かれる国際的なスポーツの祭典「オリンピック」。毎回華やかな式典が国をあげて盛大に行われているのをテレビで見かけることも多いでしょう。その起源は、古代ギリシャにあり、オリンピアの神々への感謝祭として催されていたのがはじまりと伝えられています。

その後、1894年6月23日にフランスのクーベルタン男爵によって、「国際オリンピック委員会」が組織され、古代オリンピック発祥の地であるアテネで第一回のオリンピックが開かれました。そして、この日を記念して「オリンピックデー」が作られ、世界中の人々にオリンピックを広く知ってもらおうと、毎年イベントなどが各地で行われています。

オリンピックのシンボルマークである、赤・青・黄・緑・黒の５色の輪が組み合わさった「五輪」は、ヨーロッパ、アフリカ、アジア、オセアニア、アメリカの５つの大陸を表しており、「結合と連帯」を象徴しています。スポーツを通した世界平和への願いが込められているといえますね。

7月 7日

たなばた よしひろくんちの笹飾《ささかざ》り

きょうは七月七日。星に親しむおまつりの日です。

よしひろくんは、おじいちゃんと一緒に、裏山に行きました。

山に生えている笹竹《ささだけ》を切りにいったのです。

「おじいちゃん、これはどう？」

葉っぱが真っ青で、まっすぐに伸びた一本の笹竹を、よしひろくんは揺らしました。

――さわさわさわ

笹の葉が、かわいたいい音をたてました。

「おっ、こりゃ、いいのを見つけたな」

おじいちゃんは、にこっと笑って、ナタで、根もとの方から切ってくれました。

「あいちゃんにもあげたいなあ。おじいちゃん、いい？」

あいちゃんは、近所の女の子。よしひろくんの大の友だちです。

「ああ、いいよ。あいちゃんのは、これにしようか」

おじいちゃんは、まっすぐに伸びた笹竹を、もう一本切ってくれました。

どうして？なるほど！ この行事の由来

天の川をはさんで輝く　中国のロマンチックな伝説

「七夕《たなばた》」は、１年に１回、織姫と彦星が会うことができる日、と伝えられています。

これは、昔、結婚を約束していた織姫と彦星が仕事をしないで遊びほうけているのを、天の神さまが怒って天《あま》の川《がわ》をへだてて二人を引き離した――という中国の伝説がもとになっています。そのお話に、日本の「棚機《たなばた》つ女《め》」という伝説が合わさり、七夕という行事になったといわれています。

この日は、いまでも５色の短冊にお願いごとを書いて笹に飾る習わしが残っています。

その昔は、短冊に、裁縫や書道の上達をお祈りして、飾った笹と短冊は七夕の翌日に川や海に流して身を清めたので、その名残で「七夕流し」という風習になったそうです。

天気がよければ、ぜひ園児といっしょに東の夜空を見てみましょう。小さな星が川のように集まっているのが、天の川です。それを中心にひときわ明るく輝く３つの星が、「夏の大三角形」と呼ばれており、その中の、こと座のベガが織姫、わし座のアルタイルが彦星です。

「おじいちゃん、ありがとう!」

家に帰るとちゅう、あいちゃんに笹竹を届けてあげました。

「わー、すごい! ありがとう」

あいちゃんはそういって、とても喜んでくれました。

よしひろくんは、おばあちゃんとママと一緒に、
折り紙や色紙で、笹飾りをどっさり作りました。
色とりどりの輪つなぎ、大きな網、小さな網、
提灯《ちょうちん》が、笹竹で揺れています。
短冊《たんざく》もたくさん作って、みんなで書きました。
パパは、「仕事がうまくいきますように」
ママは、「よしひろが大きくなりますように」
おじいちゃんは、「たのしい我が家」
おばあちゃんは、「みんなが元気でくらせますように」
よしひろくんは、家族の絵を描きました。
パパもママも、おじいちゃんもおばあちゃんも自分も、
にこにこ笑っている絵です。
星空の下、よしひろくんちの笹飾りが、
風にさらさら揺れています。
おりひめとひこぼし、ちゃんと会えたかなあ。
よしひろくんは、天の川を見あげながら思っています。
あいちゃんちの庭でも、きれいに飾られた笹が、
ゆらゆら揺れていました。

絵/ゆーちみえこ

7月
13日〜16日ごろ

お盆

迎《むか》え火《び》と送《おく》り火《び》

十三日、みよこちゃんは、おばあちゃんと、
門の前で迎え火をたきました。
「おじいちゃん、ここがお家だよ。まちがえないでね」
ちろちろと赤く燃える火を見ながら、
みよこちゃんは、そっと手を合わせました。
一年前に亡くなった、大好きだったおじいちゃんの顔が、
みよこちゃんの心に浮かんできました。

十四日、こうたくんは、
家族でおじいちゃんとおばあちゃんちに来ていました。
「こうたくん、お花を持ってくれる？
少し重いけど、だいじょうぶ？」
おばあちゃんは、庭で摘んだ花を、
こうたくんに渡していいました。
「お墓にお供《そな》えするんでしょ？　重くても、ぼく、がんばるよ」
こうたくんは、元気にいいました。
それから、家族そろって、近所のお寺に、お墓参りに行きました。

絵／ゆーちみえこ

十五日、小雨の中、ようへいくんの家に、
和尚《おしょう》さんがやってきました。
仏壇《ぶつだん》の前で、チンチンと、おりんを鳴らしたり、
ポコポコと、木魚《もくぎょ》をたたいたりしながら、
お経《きょう》をあげてくれました。

ようへいくんは、パパとママに見習って、
和尚さんの後ろに正座して、ご先祖さまに手を合わせました。
ご先祖さまの遺影《いえい》を、ときどき見あげて、こう思います。
パパのお父さんのお父さんって、パパに少し似てるなあ……。

十六日、みよこちゃんは、
おばあちゃんと送り火をたきました。
「おじいちゃん、ちゃんと来られたかなあ。
お家でゆっくり休めたかなあ」

みよこちゃんがいうと、おばあちゃんは、
にこにこしていいました。
「ちゃんと来られたわよ。
みよこちゃんと一緒に過ごせて、きっと喜んでいるわ」
「よかったあ！ みよこね、おじいちゃんのこと、忘れないよ。
おじいちゃんも、みよこのこと、見守っていてね」

ちりちり燃える赤い炎を見つめながら、
みよこちゃんは、優しかったおじいちゃんのことを思います。

どうして？ なるほど！ この行事の由来

ご先祖さまを供養するとともに、自然の恵みに感謝

祖先の霊をまつる「お盆」は、日本人にとってなじみが深い国民的な行事のひとつです。これは仏教の習わしで、正式にはサンスクリット語で「盂蘭盆会《うらぼんえ》」とも呼びます。お釈迦さまの弟子が、7月15日（旧暦）に亡くなったお母さんをしのんで、多くの僧とともに供養したことにはじまりました。

お盆には、ご先祖さまの霊が帰ってくると考えられているため、「迎え火」や「送り火」をしたり、灯籠《とうろう》をともしたりして道しるべにします。また、なすやきゅうりで馬や牛の飾りを作ることもあります。これは、ご先祖さまの霊が、きゅうりの馬で早く戻ってきて、なすの牛に乗って、ゆっくりあの世に帰られるようにという意味が込められているそうです。

そのほか各土地によって、いろいろな風習が残っていますから、機会があればぜひ、調べてみてください。どれもご先祖さまを供養するとともに、畑の収穫を感謝し、秋の豊作を願う気持ちの表れです。古くから伝わる風習に親しみ、子どもたちにお盆の意味を伝えましょう。

7月
第3月曜日
海の日

あおいちゃんの海　たかしくんの海

夏のある日、あおいちゃんは、パパとママと一緒に、列車に乗って海に行きました。

「ほら、あおい。海だぞ」

トンネルを抜けると、パパがうれしそうにいいました。

「えっ、どこどこ？」

「ああ、山にかくれちゃったな。もう少しすれば、また見えるだろう。ほら、見えた！」

「わっ、ほんとだ！　海だ。海だ。海だ！」

窓の外は、海。青い海。広い海。大きな海。真っ青で、どこまでも続く大きな大きな海です。

「すごいなあ！」

あおいちゃんは、生まれて初めて見た本物の海にびっくり。

「くんくん……なんの匂い？」

「海の匂いよ」

と、ママも鼻をくんくん。

清々《すがすが》しい空気を、たくさん吸いこみました。

「カニさん、いるかなあ。お魚、いるかなあ。ヤドカリ、いるかなあ」

絵／うつみのりこ

あおいちゃんは、海を見ながら、
海でいっぱい遊びたいと思っています。
——次は、海岸駅ー。海岸駅です。
列車のアナウンスが聞こえてきました。
あおいちゃんの胸は、ドキドキしています。

たかしくんの家は、海岸駅の近くにあります。
高台なので、海を一望できます。
「海、おはよう！　父さん、おはよう！」
毎朝、たかしくんは海に向かってあいさつします。
遠洋漁業《えんようぎょぎょう》に出て、ずっと長く帰ってこない父さんを思いうかべます。
嵐の日の海は、暗くて波も高いので、
おそろしい怪獣《かいじゅう》が向かってくるかのよう。
——ガオーン　ザザザザー　ドドーン！
大きな大きなうなり声に、たかしくんの胸はドキドキします。
けれど、きょうのように晴れた日の海は、波がとてもおだやかです。
太陽の光が反射して、きらきら光ってとてもきれいです。
「母さん、早く海に行こうよ！」
海水パンツをはいて、浮き輪を持ったたかしくん、
玄関で大きな声を上げています。
「海だ！　パパママ、早く早く！」
海岸駅で電車を降りたあおいちゃん、
改札口で大きな声を上げています。

どうして？ なるほど！ この行事の由来

明治天皇が無事、帰って来られたことを記念して

「海の日」は、平成8年に作られたとても新しい国民の祝日で、「海の恵みに感謝し、海に囲まれた日本の発展を願う」という意味が込められています。

由来は、明治天皇の時代にまでさかのぼります。1876年、明治天皇が東北地方を船で旅をしており、7月20日に青森から横浜の港に戻られました。当時、天皇は軍艦に乗ることが多かったのですが、「明治丸」という汽船で無事に帰還されたことにちなんで、「海の日」が作られたといわれています。

はじめは7月20日が「海の記念日」でしたが、平成15年からは「ハッピーマンデー制度」によって、現在の7月の第3月曜日に変更されました。

日本は、四方を海に囲まれた島国です。そのため昔から海の恩恵をたくさん受けてきました。豊富な海の幸、人や物の行き来、外国からの文化の輸入など、私たちの生活は、昔から、あらゆる面で海と深く関わってきたといえますね。この海の日に、海の大切さをいま一度考えてみませんか。

7月20日〜8月31日ごろ
夏休み

夏の虫探し

夏休みの朝です。

なつおくんは、パパと一緒に、朝顔がたくさん咲いている公園を散歩しています。

「なあに、これ?」

木の下に落っこちていた茶色い物をつついて、なつおくんはパパに聞きました。

「おっ、蝉《せみ》のぬけがらだな」

パパはうれしそうに拾いあげました。

「あっ、ここにも落ちてるよ」

なつおくんは、ぬけがらを拾うと、自分の手のひらに乗せました。

「かさかさして軽いね」

「葉っぱにぶら下がってるのもいるぞ」

パパの声に、なつおくんが葉っぱの裏側をのぞきこむと、ぬけがらは、しっかりと葉っぱにつかまっています。

家に帰ったなつおくんとパパは、図鑑を見ました。

拾ったぬけがらは、ミンミンゼミという種類でした。

セミは、幼虫時代を何年も土の中で暮らすのだそうです。そして、

絵/長谷川知子

大人になるときに土から出てきて、皮を脱ぎすてるのだそうです。

「セミってすごいね！」

なつおくんはびっくり。

――ミーンミーン
庭で、ミンミンゼミが鳴きはじめました。


ある日のことです。

なつおくんは、家族で田舎《いなか》に来ていました。

「雑木林《ぞうきばやし》に行ってみようよ、なつおくん」

そう、おじいちゃんがいうので、一緒に近くの雑木林に行きました。

「これはクヌギという木だよ。樹液がたくさん出ているから、カブトムシがいっぱいやってくるぞ」

「おじいちゃん物知りだね。カブトムシ、早く来ないかなあ」

すると、おじいちゃんは、笑っていいました。

「カブトムシは夜行性《やこうせい》だから、夜にならないと来ないんだ」


待ちに待った夜のことです。

なつおくんは、おじいちゃんと雑木林にいました。

「あっ、いた！」

懐中電灯《かいちゅうでんとう》で照らされたクヌギの木に、大きくてりっぱなカブトムシが、一、二、三匹も！

盛んに樹液をなめています。そのまわりに、大きなクワガタムシもいました。

初めて見る野生《やせい》のカブトムシに、なつおくんは、胸がわくわくしています。

どうして？ なるほど！ この行事の由来

規則正しい生活を心がけ、自由な時間を有意義に

夏の暑さを避けるため、7月下旬～8月末ごろに園や学校、企業などで長期に取る休みのことを「夏休み」といいます。地方によってはその気候に違いがあるため、一般的な期間より夏休みが少なく、その分、冬休みが長くなる場合やその逆もあります。もともとは、欧米の教育制度をまねて作られたといわれています。

夏休みは、通常園での活動がありませんから、子どもたちにとっては、不規則な生活リズムになりがちです。夏休みが終わると、園に来るのが嫌になったり、おっくうになったりする子どももいるので、園がお休みのあいだも、規則正しい生活を心がけさせるのが大事でしょう。園児に指導するだけでなく、保護者にも園の考えを伝え、よい夏休みになるよう、家庭と連携できるようにしたいものです。

また、夏休みは日ごろできない経験ができるよいチャンスです。この機会を利用して、海や山、川などの自然に接したり、興味のあることを調べてみたりと、普段、園や家ではできないことに挑戦させるように促してみましょう。

7月20日〜8月7日ごろ

土用の丑《うし》

元気もりもり

ここは、昔々のとある川辺《かわべ》。夏真っ盛りの昼すぎでありました。

「ああ、暑い暑い！」

船頭《せんどう》の六《ろく》さんは、土手に、どてーんと寝っ転がっておりました。

あまりの暑さに、ひと休みです。

ときどき、川面《かわも》をそよ風が渡ってまいりますが、

そんなときだけ、六さんはひどい暑さをしばし忘れるのです。

「おや？」

六さんの鼻が、何かの匂いをかぎとりましたよ。

「くんくん……。何の匂いかなあ？　ああ、いい匂いだなあ……」

醤油《しょうゆ》の焦《こ》げた、香ばしい匂いが、

六さんの鼻を、こちょこちょくすぐります。

「こりゃ、たまらん」

あまりのいい匂いに、六さんのおなかがぐーっと鳴りました。

起きあがった六さんの目に、

「どようのうし」と書かれた幟《のぼり》が、飛びこんできたのです。

川向こうには、いつやってきたのでしょうか、

小さな出店がありました。

7月
8月

どうして？なるほど！この行事の由来

売れない「うなぎ」を売るための作戦だった！

土用の丑といえば「うなぎを食べる日」として知られ、7月20日過ぎくらいになると、スーパーには「○日は土用の丑の日」と書かれた紙の下に、たくさんのうなぎの蒲焼きのパックが並ぶのを目にしますね。

いまでは、夏の行事のようにも思われていますが、厳密にいうと、土用の日は年に4回あります。立春、立夏、立秋、立冬の前の18日間が土用とされ、その期間中に訪れる丑の日が土用の丑になります。昔から、これらの期間は、季節の変わり目で体調を崩しやすい時期とされていました。とくに夏場は、厳しい暑さに負けないように、しじみや卵やもちなど、栄養のあるものを食べる習慣が古くからありました。

そんななか、どうしてうなぎが注目されたのかというと、そこにはこんな話があります。

江戸時代に、平賀源内という蘭学者が、夏にうなぎが売れずに困っていたうなぎ屋に頼まれて、うなぎ屋の店先の看板に「本日丑の日」と書き、土用の丑にうなぎを食べるとよい、と人々に広めたことがはじまりだとか。作戦は見事に成功です！

荷車に幟をくくりつけ、男がひとり、
七輪の上で何やら焼いております。
白い煙がたなびいております。
「どようのうし？　何じゃ、そりゃ？」
聞いたことのない言葉です。
「それにしても、いい匂いだなあ。食べてみたいなあ。
さぞ、うまいだろうなあ」
六さんは、さっさと渡し舟に乗りこむと、
川向こうまで、舟をえっちらおっちらこいでいきました。
出店の前に立った六さんです。
おや？　どようのうしとは、うなぎの蒲焼きに似てるなあ……。
串刺しにされた『どようのうし』が、
七輪の網の上で、うまそうに焼けています。
「おい、親父。どようのうしを一つくれ」
「へい。まいどあり」
——ふーふー、はふはふ……
焼きたて熱々のどようのうしを、一口頬張《ほおば》った六さんは、
首をかしげてつぶやきました。
「やっぱり、どようのうしは、うなぎに似てるなあ……」
猛暑《もうしょ》に負けないスタミナをつけるため、
土用の丑の日にうなぎを食べる習慣は、昔からあったようです。
うなぎを食べた六さんたら、元気もりもり。
お客さんを乗せて、何べんも川を行ったり来たりしています。

絵／くすはら順子

7月
末ごろ〜

夏季保育（おばけ）

ひまわりホテルは　おばけがいっぱい？

今夜は、お泊まり保育です。

かなこちゃんは、家でお昼ご飯を食べた後、ママと一緒に登園しました。

すると、保育室の入り口に、見たことのない看板がかかっていました。

──　ひまわりホテル　──

「さちえ先生、これなあに？」

かなこちゃんは首をかしげます。

「きょうは、みんなでお泊まりでしょ。

だから、ひまわり組のお部屋が、ひまわりホテルになるのよ」

「うわっ、楽しそう！」

夕方まで、園庭や保育室でいっぱい遊びました。

絵本を見たり、お絵かきもしました。

夕ご飯には、みんなでカレーを作りました。

かなこちゃんは、ジャガイモを切る係です。

「みんな、指を切らないように気をつけてね。ゆっくりでいいのよ」

さちえ先生の言葉に、かなこちゃんはうなずきます。

「おいしいね！」

みんなで一緒に食べる夕ご飯は、なんだかとてもおいしくて、

絵／長谷川知子

かなこちゃんは二回もおかわりしました。

「さあ、今度は、花火大会よ」

「わーい！」

園庭に出てみると、外はすっかり暗くなっていました。

シートに座って、待っていると……。

──パーン　パーン　パーン
「うわーっ！」

花火です。夜空にきれいな花が咲いたようです。

「お泊まり保育って、たのしいね。ねえ、みつよしくん」

すると、かなこちゃんのとなりに座っていたみつよしくんは、
首をぶんぶん振っていいました。

「お泊まり保育って、ほんとは恐いんだぜ。だって、おばけが出るんだぞ」

「うそだー」

そういうかなこちゃんの背中は、ざわざわっ……。辺りを見まわすと、
大きな木がおばけに見えたり、すべり台が怪獣《かいじゅう》に見えたりしました。

「恐いよー。眠れなくなっちゃうよー」

さて、ここは、真夜中のひまわりホテル。ひまわり組の保育室です。

「がおーがおー」

「くーくー」

「むにゃむにゃ」

何か聞こえてきます。ひまわりホテルにいるのは、おばけ？　怪獣？

いえいえ、違います。

可愛い可愛い、寝息と寝言です。


どうして？なるほど！

この行事の由来

夏の夜の主役は、こわーいお・ば・け

日本でいう「おばけ」とは、精霊のことを指していると伝えられています。精霊とは、自然界にある物や場所に宿る霊で、人と自然界とのかかわりに重要な役割を担ってきました。その精霊が、妖精や幽霊などにもたとえられ、「おばけ」として呼ばれるようになったのです。

おばけにまつわるお話は、いつしか夏の夜に聞くのがぴったりとイメージされ、それにともない、肝試しなどが行われるようになりました。

では、日本のおばけを紹介しましょう。「傘おばけ」は破れた傘のおばけ。傘に大きな目が1つ。持ち手の部分が1本足となって歩きます。「ひとつめ小僧」は坊主頭の子どものおばけ。目が1つしかなく、人を驚かすことが大好きです。「ろくろ首」は首がびょーんとのびるおばけ。

また、中にはよいおばけもいます。「座敷わらし」は子どものおばけ。夜になると、寝ている人の布団の上にまたがったり、枕を返したりといたずらをしますが、見た者には幸せが訪れるといわれています。

8月 7日

鼻の日

森の社会問題

「はっくしょーん！」

ゾウのぱおんくんのくしゃみは、すごい。

森じゅうに響きわたり、大地は揺れ、

木や草は、ざわーざわーと大きな音を立てる。

「は、は、はっくしょん！　はっくしょん！　はっくしょーん！」

ほらね、今朝も始まったよ。

「きゃ！」

「わっ！」

「うわっ！」

リスのひーくん、ふーくん、みっちゃんも、

びっくりしてベッドから、ころころころっ！

朝寝坊のムササビびいちゃんも、ヤマネのねーくんも、

すさまじいくしゃみの連発に、眠い目こすって起きだした。

ゾウのぱおんくんには、すごいことがもう一つある。

それは、いびき。

「が、が、が、があー！」

「ご、ご、ご、ごおー！」

絵／くすはら順子

ほらね、今夜も始まったよ。

「きゃー！」

大地は、ドドーッと揺れて、

チンパンジーのかえでちゃん、木の上からまっさかさま。

「うるさーい！」

ゴリラのらんくんは、耳の穴にバナナの栓《せん》をした。

それでも聞こえるもんだから、ドンドン胸を叩いてる。

「逃げるしかない！」

キリンのりんちゃん、走って走って、走って、走って……行っちゃった。

ある日、みんなは、ぱおんくんにないしょで広場に集まった。

テーマは『社会問題になっているぱおんくんのくしゃみといびきについて』

どうすれば解決できるのか、みんなで考えたけど、

いいアイディアがちっとも浮かばない。

「ねえねえ、ねえねえ、ねえってば！」

だれかが、なんかいってるぞ。

動物たちが、きょろきょろすると、アリのむさしくんが叫んでた。

「なんだい、むさしくん。大きな声でいって」

と、ゴリラのらんくん。

「さっきから、いってるでしょ。

ぱおんくんは、もしかしたら鼻が悪いのかもって！」

森はずれの病院に連れていかれたぱおんくん。

鼻の病気と診断されて、通院だ。

「なおってよかったね、ぱおんくん」

「みんな、ありがとう」

動物たちもぱおんくんも喜んだ。

鼻アレルギー急増中！　鼻についてみんなで考える日

どうして？なるほど！

この行事の由来

8月7日の「鼻の日」は、8（は）と7（な）の語呂合わせから、1961年に日本耳鼻咽喉科学会が制定した記念日になりました。

この日が制定されたころは、慢性副鼻腔炎（蓄膿症《ちくのう》）になる人が多く、病気の早期発見と早期治療をすすめることがねらいでしたが、近年は、花粉やハウスダストなどを原因とする鼻アレルギーになる子どもが増えていることから、鼻の病気について考える日になっています。

「鼻みずが出たり、鼻がつまっているくらいだから大丈夫」と、鼻の具合について意識が薄くなりがちですが、長いあいだ症状がおさまらなかったり、放っておくと、耳やのどなどの病気にかかりやすくなったり、呼吸器官に支障が出たり、また、先生の話に集中できないなど、日々の生活にも悪影響を及ぼしかねません。そのために国民の記念日として、ひとりでも多くの子どもや大人に病気を予防し健康管理してもらおうと制定されました。

この日は、みんなで鼻について勉強をして、健康な鼻でいられるように促したいものです。

8月 15日

終戦記念日

おばあさんの義足《ぎそく》

てつやくんは驚きました。

テレビのニュースで、遠い国で起きている戦争のことを報じていたからです。

子どもを抱いたお母さんが泣きわめいています。腕の中の子どもは、頭から血を流してぐったりしています。

あちらでもこちらでも、爆弾が炸裂《さくれつ》し、逃げまどう人、人、人……。

「恐いよ……」

キッチンで夕飯の支度をしていたママに、てつやくんは、しがみつきました。

「まあ、どうしたの?」

テレビ画面に目をやったママは、

「戦争って、本当にひどい……」とつぶやきました。


ある日、てつやくんとママは、親戚《しんせき》のおばあさんちに行きました。戦争の話を聞きに行ったのです。

おばあさんは、にこにこ出むかえてくれました。

「てつやくんよりも、もう少し大きかったかなあ。

絵／ゆーちみえこ

小学校二年生の時よ。東京大空襲っていってね、
爆弾がたくさん落ちてきたの。東京は火の海よ。
あっちでもこっちでも火がぼうぼう」

　てつやくんは、この前見たニュースを思いだしました。

「たくさんの人が亡くなったのよ。
私は、運よく助かったんだけど、ほらこの足……」

　そういって、ズボンの裾《すそ》をまくり、右足を見せてくれました。

　てつやくんは驚きました。おばあさんの足が義足だったからです。

「ひざから下が、なくなっちゃったの」

　てつやくんもママも、言葉がありませんでした。

「義足になっちゃったけど、命が助かっただけでもよしとしなくちゃね。
だって、あの戦争でたくさんの人が亡くなったのだから……」

　おばあさんは、ズボンの裾を下ろすと、

「よいしょ」といすから立ちあがりました。

「私のお父さんもお母さんも、二人のお兄さんも三人の妹もね」

　そういって、仏壇に手を合わせるおばあさんの後ろ姿は、
とても悲しそうでした。

　てつやくんは思います。

　戦争は、やっちゃだめなんだ、と。

　てつやくんのママは考えます。

　再び悲劇を起こしちゃならない。

　未来を担う幼い子どもたちのために、
自分たち大人はどうすべきか、を。

　仏壇で、お線香の煙が一筋、すうっと上がりました。

どうして？なるほど！この行事の由来

日本の戦争が終わった日。そして平和を願う日

　1945年の8月15日、日本は「ポツダム宣言」を受諾し、連合軍に無条件降伏しました。この日の正午、昭和天皇がラジオで終戦を全国民に伝え、長く続いた「第二次世界大戦」がようやく終結したのです。

　第二次世界大戦は、1939年9月1日に、ドイツ軍がポーランドに侵入したことからはじまりました。その後、日本が1941年12月8日にアメリカのハワイ、真珠湾を攻撃して「太平洋戦争」を引き起こし、戦争は全世界へと広がっていきました。

　この戦争の犠牲は、言葉にできないほど大きいものでした。日本にとっては1937年にはじまった日中戦争から15年間に、約310万人もの尊い命が失われ、そして、終戦直前には、人類史上初の原子爆弾が、広島（8月6日）と長崎（8月9日）に落とされたのです。原爆は一瞬にして何万人もの命を奪い、現在でも被爆した人々を苦しめ続けています。

　日本はこの悲劇と過ちを繰り返さないために、8月15日を終戦記念日とし、犠牲者の冥福を祈り世界の平和を願う日としました。

8月
13日〜16日ごろ

お盆

すくすく園の盆踊り大会

すくすく園の保育室では、浴衣《ゆかた》姿の子どもたちとやぎ先生が、うちわに絵を描いていました。

うさぎちゃんは、ひまわりの絵。やまねくんは、金魚の絵。くまくんは、スイカの絵を描いています。

「できたよ！」

しばらくすると、みんな口々にいいました。

そのときです。

――ドンドンドンドン　タンタンタン

園庭から聞こえてきたのは、太鼓の音。

「さあ、盆踊り大会が始まりますよ。行きましょう」

と、やぎ先生。

「はーい！」

夜の園庭には、オレンジ色の提灯《ちょうちん》がずらりと下がり、かき氷やアイスクリームを売る屋台も出ていました。

パパやママやおじいちゃん、おばあちゃんたちもいます。

みんな浴衣を着て集まっています。

園庭は、色とりどりの浴衣で、ぱっときれいな花が咲いたようです。

どうして？なるほど！この行事の由来

月おくれの新暦のお盆は8月に

本来、お盆は、旧暦の7月13日～15日に行われていましたが、新暦になると、1ヵ月遅れの8月になるため、「月おくれ」で8月13日～16日あたりに行うところが増えてきました。

お盆は、インドや中国から伝わったとされていますが、日本においては、古くは推古天皇の時代からはじまり、仏教の行事「盂蘭盆会《うらぼんえ》」と日本古来の祖先崇拝信仰が結びついたと記されています。

盂蘭盆会とは、その人の苦痛を救うという仏教の行事で、やがて、先祖や亡くなった人たちの霊を家に迎えて供養し送り出す、というお盆が行われるようになりました。きゅうりやなすで作った精霊馬《しょうりょううま》や盆提灯《ぼんぢょうちん》、精霊流《しょうりょうなが》し、迎え火送り火など、お盆ならではの風習が日本各地で行われます。

お盆になると行われる楽しい盆踊りも、祖先の霊をにぎやかな踊りでなぐさめ、あの世へ送るためのもの。地域性をいかしたお盆を、子どもたちと一緒に過ごしてみるのも、昔の人の考えや生活を知る勉強になりますね。

――ドンドンドンドン　タンタンタンタン

やぐらの上で太鼓をたたいているのは、くまくんのパパです。

「さあ、最初は、子ども盆踊りです！」

やぎ先生が声を張りあげました。

「お父さんやお母さん、おじいさんやおばあさんたちに、みなさんの踊りを見せてあげましょう。輪になって踊りましょう！」

子どもたちは、元気に、

「はーい！」

うさぎちゃんもやまねくんも、きつねくんもたぬきちゃんも、ぞうちゃんもペンギンくんも、盆踊りの曲と太鼓に合わせて踊りはじめました。

うちわを振って、くるくる踊ります。

みんなとても楽しそう。

パパやママやおじいちゃん、おばあちゃんたちは、そのまわりでにこにこうれしそうに見ています。

写真やビデオを撮っているパパもいます。

子ども盆踊りが終わると、今度は、全員で踊ります。

「かき氷はいかが？」

「麦茶やアイスクリームはいかが？」

屋台から声を張りあげるパパやママもいます。

すくすく園の盆踊り大会は、まだまだ続きます。

絵／くすはら順子

防災の日

たんぽぽ組の防災訓練

きょうは防災の日。にこにこ園では、防災訓練が行われています。

ほら、スピーカーから、くま園長先生の声が聞こえてきましたよ。

――みなさん、これから防災訓練を始めます。
二階のトイレから煙が上がっています。
火事です。担任の先生のお話を聞いて、
あわてず行動してください――

たんぽぽ組のうさぎ先生は、子どもたちにいいました。

「では、防災ずきんをかぶりましょう。
かぶったら、あわてないで、先生の前に二列に並んでください」

「はーい」

みんなの元気な声が聞こえます。

そのときです。

「ぼくが一番だ！」

防災ずきんを持ったまま、きつねくんが、先生の前に並びました。

すると、

「ぼくが一番だよ！」

ぶたくんが、きつねくんを横から押しました。

絵／なかむらようこ

「ぼくだよ」

「違うよ、ぼくだよ」

二匹は、先生の前でおしくらまんじゅう。

「きつねくんは、ちゃんと防災ずきんをかぶること。そして、ぶたくんと手をつないでごらんなさい」

先生のいうとおり、きつねくんは防災ずきんをかぶり、ぶたくんと手をつなぎました。

たんぽぽ組のみんなは、きつねくんとぶたくんの後ろにきちんと並びました。

「ほら、ちょうど二列になったわ」

それから、先生が先頭になって、ゆっくり階段を下りていきました。

だれもなんにもしゃべりません。

(いつもと違って、なんだかドキドキだな)

きつねくんは、本当の火事でなくてよかったなあと思いました。

(火事だったら、恐いなあ)

ぶたくんも、本物の火事でなくてよかったなあと思いました。

玄関まで来ると、上履きのまま園庭に下りました。

「みなさん、ちゃんとできましたね。とてもえらかったですよ」

くま園長先生のお話に、きつねくんとぶたくんが目を合わせて、くすっ。

さっき、おしくらまんじゅうしたことが、少し恥ずかしかったのです。

どうして？なるほど！この行事の由来

災害が起きたらどうする？　心構えと準備は万全に！

1923年9月1日の午前11時58分に、関東地方にマグニチュード7.9の大地震が起きました。死者、行方不明者あわせて10万人以上になった大災害は、日本の首都に大きな打撃を与えました。この関東大震災の教訓を生かし、日ごろから防災を意識するために、1960年に9月1日を「防災の日」としました。

日本は、地震のほかにも台風、高潮、津波、洪水、豪雨、豪雪、冷害など、世界でも有数の災害国です。また、暦のうえからも立春から210日目ごろにあたる9月1日ごろは、昔から台風がやってきては、稲や作物に大きな被害をもたらす時期でもあり、厄日とされていました。

こうした意味でも9月1日の「防災の日」は、子どもたちと真剣に考え、取り組みたいですね。

最近では、ほとんどの園や小・中学校で、防災の日に、避難訓練が行われているようです。実際に災害が起きたとき、どんなふうに行動したらよいのかを、子どもたちとも話し合ってみましょう。普段から災害時に対処できるようにしておくことが大事です。

9月 15日ごろ

お月見

まんまるお月さま

きょうは、わくわく園のお月見会です。

年少組のみづきちゃんたちがホールに行くと……。

「わっ！　すごい」

ホールは、ススキ野原のようでした。

年長組のみんなと先生たちが、
大型積み木にススキをはりつけて、準備してくれていたのです。

舞台の正面には、まんまる大きなお月さま。

お供《そな》えには、柿や栗、梨の実。

そして、真っ白なお団子がどっさりありました。

「年長組さんがお団子を作ってくれたのよ。みんなでいただきましょう」

そういって先生は、お砂糖をまぶしたお団子を、みんなに配ってくれました。

「いただきます！」

みづきちゃんは、ぱくっと口に入れて、びっくり。

「おいしい！」

それは、甘くてやわらかくて、とても美味しいお団子でした。

みづきちゃんは思います。

年長さんってすごいなあ。

どうして？ なるほど！ この行事の由来

1年でもっとも美しい月を愛《め》でながら秋の収穫を祝う

秋は空気が澄み、月がとてもはっきりと見える季節です。とくに旧暦8月15日の夜は、十五夜（現在の9月15日ごろ）といい、1年の中でもっとも美しい月が見られるとして、全国で「月見」が楽しまれています。

この優雅な風習は中国から伝わり、平安時代に宮中で月を愛でながら、和歌を詠《よ》む会が流行したのがはじまりです。やがて庶民にも広がり、秋の収穫物を供え感謝することになりました。

さて、月見といえば「団子とすすき」。団子は十五夜にちなんで15個。すすきは秋の七草で、稲穂に似ていることから実りを意味します。そのほか、一株で子から孫と増えることから、里いもも子孫繁栄の縁起物とされてきました。

また、子どもが気になる「月の中のうさぎ」ですが、その由来は仏教のお話の中にあります。昔、帝釈天《たいしゃくてん》という神さまが、動物たちに食べ物を乞《こ》うたとき、さるは木の実、きつねは魚をとってきましたが、うさぎは、火に飛び込み自分の肉をあげました。それをかわいそうに思った神さまが、うさぎを月の中によみがえらせたのだそうです。

なんでもできるんだなあ。

「今夜を十五夜、夜空に輝く満月を中秋《ちゅうしゅう》の名月《めいげつ》といいます。

夜になったら、お家の人と一緒に、美しいお月さまを見ましょうね」

先生の言葉に、みづきちゃんはうなずきます。


夜です。

みづきちゃんは、パパとママと一緒に庭でお月見をしていました。

「まんまるだね、お月さま」

ぽっかりと浮かんだまんまるお月さまを、
みづきちゃんは指さしていいました。

「きれいだね、パパ」

「ああ、きれいだな」

パパも、うっとりいいました。

「大きいね、ママ」

「ええ、大きいわね」

ママも、にこにこいいました。

みづきちゃんは、
今夜のお月さまはとってもすてきだなあと思いました。

「お月さまって、見るたび形を変えるけど、今夜のお月さまは格別だな」

パパの言葉に、みづきちゃんは、こくんとうなずきます。

――りんりん　りんりん
虫の鳴き声が、庭に響いています。

ずっとこうしていたいなあ。

みづきちゃんは、そう思っています。

絵／ゆーちみえこ

9月
第3月曜日

敬老の日

ケロタおじいさんの「いたたたたっ」

ここは、ドーナツ池です。

おたまじゃくしのマルちゃんたちは、
カエルのケロタおじいさんのマルちゃんの所に行きました。

「ケロタおじいさん、きょうもお話聞かせて！」

おじいさんは物知りで、お話がとってもおもしろいので、
マルちゃんたちおたまじゃくしは、毎日聞きにきます。

「よーしよし。ならばきょうは、ザリガニがくしゃみした話をしよう」

そういって、ケロタおじいさんは、
スイレンの葉っぱによじのぼろうとしましたが……。

――グギッ！

おじいさんの腰が、びっくりするくらい大きな音を立てました。

「いたたたたっ……」

葉っぱに倒れこみました。

「お、おじいさん、どうしたの？」

マルちゃんは心配です。

「腰のぐあいが悪くてなあ。気をつけて動いてもこの通りよ。年を取ったせいか、どこもかしこも弱くなってしまってな」

絵／くすはら順子

葉っぱの上で、腰をなでなで、ケロタおじいさんはためいきをつきました。

「それに、遠くの物も近くの物もよく見えん。おまえさんたちの顔もぼんやりじゃ……」

おじいさんは、目を細め、みんなの顔を見まわしました。

「きょうは、すまんが帰っておくれ」

マルちゃんたちは、ピチョッと水にもぐって泳ぎ始めました。なんにも考えなくても、しっぽは、ちろちろぱっぱ、元気に動きます。どこも痛くありません。

（気をつけて動くって、どういうことかなあ）

マルちゃんには分かりませんでした。

しばらくたったある日、マルちゃんたちは、ケロタおじいさんの所にお見舞いにいきました。水草に咲いた小さな花をたくさん摘んで、花束にして。

「おじいさん、腰のぐあいはどう？」

「すっかりよくなったよ」

「よかった！　これ、おじいさんにプレゼント。いつもお話ありがとう！」

マルちゃんの言葉に、おじいさんの目はうるうる……。涙がぽろり。

「みんなのお陰で元気が出たわい」

おじいさん、腰をとんとんたたいていいました。

「おまたせしました。ザリガニのくしゃみのお話、始まり始まりー」

物知りケロタおじいさんの楽しいお話に、マルちゃんたちは、けらけらけらけら笑います。

ドーナツ池は、笑い声であふれていました。

高齢者を敬《うやま》い、長寿を祝う　日本だけのすてきな祝日

どうして？なるほど！この行事の由来

9月の第3月曜日は、「敬老の日」です。お年寄りを大切にし、昔の人の知恵を教えてくれるおじいちゃんやおばあちゃんに感謝する大切な日として、子どもたちにちゃんと伝えておきたい日ですね。

「敬老の日」は、戦後に国民の祝日になった、比較的新しい祝日です。1951年に中央福祉審議会が、老人を敬い、長寿を祝う記念日の「としよりの日」として設定された後、「老人の日」と改められ、1966年に、国民の祝日として「敬老の日」として定められました。

じつは、この祝日があるのは日本だけです。長寿を祝う祝日があるのは、とてもすてきなことですね。

現在、この祝日は、9月の第3月曜日ですが、2002年までは9月15日とされていました。敬老の日がはじまった理由にこんな話があります。聖徳太子が、593年の同じ日に、身寄りのないお年寄りや病人を救うために、摂津の四天王寺（現在の大阪市）に「悲田院《ひでんいん》」という養護施設を設立したという日にちなんでいるそうです。

9月 20日〜26日

動物愛護週間

移動動物園がやってきた！

トラックに乗って、動物たちがわんさかやってきた。
わくわく園の園庭は、動物たちでいっぱいだ。
ふれあいコーナーには、ポニーが一頭、ヒツジが三頭、
トカラヤギが二頭、アイガモ六羽、アヒル七羽、七面鳥二羽、
マガモ三羽、モルモット十四、うさぎが五匹、ゾウガメ一頭。
ひよこが五十羽、ぴよぴよぴよぴよ大騒ぎ。

みなこちゃんは、動物たちにいっしょうけんめいえさをやっている。

ヤギには青菜、ヒツジに牧草、
アヒルにパンくず、うさぎににんじん。

「みんな食べ物、違うんだ！」

みなこちゃんは、びっくり。


りゅうたくんは、ひよこをだっこ。

手の中のひよこは、ふわふわしてて、とてもあったかい。

「かわいいな。かわいいな。すごくかわいいな」

ひよこのおでこを、りゅうたくんは優しくなでる。


さくらちゃんは、おそるおそるゾウガメに乗ってみた。

固い甲羅《こうら》が、ごつごつおしりに当たるよ。

どうして？なるほど！ この行事の由来

動物と触れ合って、動物を大切にする心を育てる

もとは、百年ほど前にアメリカではじまった愛護運動でした。日本では、日本動物協会理事長のバーネット夫人の主唱によって、昭憲《しょうけん》皇太后（明治天皇の皇后）の誕生日を記念し、1927年に5月28日から1週間行われたのが最初です。その後、戦争で一時中断され、1949年に「春分の日」を中心に行われましたが、この時期がちょうど春休みだったり、5月には愛鳥週間があるなどの理由から、「秋分の日」を中心とした1週間に行うことになりました。

この時期には、全国で動物の慰霊祭や動物愛護の講演や映画が上映されたり、子どもたちが描いた愛護ポスターや絵が飾られたりして、動物とのふれあいをうたうイベントが行われます。

近年、動物を飼うご家庭が増えています。園でもうさぎや鳥など飼育しているところが多くありますよね。子どもにとって、動物と触れ合うのはとても大切な教育になります。人間より小さくて弱い動物たちを大切にする心や、最後まで愛情と責任をもって世話する気持ちを育ててやりたいものです。

あらら、ゾウガメ、ゆっくり歩き出す。

「重くない？　だいじょうぶ？」

さくらちゃん、ゾウガメの心配しながら、でもすごく楽しそう。

展示コーナーには、アナグマ、スカンク、プレーリードッグ、オオコウモリ、リスザル、シマリス、カメ、フェレット、オウム、インコ、イグアナ、カリフォルニアキングスネーク。

「ひげが長い。しっぽが大きい。耳が小さい」

たくみくんは、展示コーナーを見てまわる。

「色がきれい。二本足で立ってる。長い長い」

そこに、園長先生がやってきた。

「地球には、いろんな生き物がいるんだね」

たくみくんは、園長先生を見あげていった。

「地球ってすごいね、先生」

記念写真コーナーに、りっくんがいるよ。

黄色いインドニシキヘビをかついで、

記念写真を撮るんだって。

「わーっ！　重いよ、このヘビ！」

りっくん、ちょっと緊張した顔で、はい、チーズ！

絵／長谷川知子

9月
23日ごろ

秋分の日

はるかちゃんの一日

「はるか、ちょっとおいで」

早起きしたはるかちゃんを、お父さんがベランダで呼んでいます。

「どうしたの、お父さん」

「見てごらん。太陽が昇ってくるところだよ」

お父さんは、よく見えるようにと、
はるかちゃんを抱き上げてくれました。

「わっ！」

オレンジ色の光が、はるかちゃんの目に飛びこんできました。

十階のベランダから見える景色は、とてもきれいです。

立ち並ぶビルや家々、公園のこんもりした緑の
ずっとずっと向こうの海から、太陽がいま昇《のぼ》ろうとしていました。

「きょうは秋分の日なんだよ」

「秋分の日？」

「昼と夜の時間が同じなんだ。あしたから、
だんだんお昼の時間が短くなっていくんだよ」

「ふうん」

はるかちゃんには、よく分かりませんでした。

どうして？なるほど！この行事の由来

暑さも寒さも彼岸まで。秋の気配を感じるころ

「秋分の日」は、「春分の日」と同様に昼と夜の長さがほぼ等しい日になります。つまり、この日は、真東から太陽がのぼり、真西に沈みます。そして、この日を境に、昼の長さが短くなり、少しずつ秋の気配を感じる時期でもありますね。子どもたちに、園庭の草花や木、散歩のときに目にする風景などを通して、風の冷たさや葉の色の変化など、自然の移り変わりに目を向けさせましょう。

秋分の日は「祖先を敬《うやま》い、亡くなった人をしのぶ日」として１９４８年に国民の祝日として制定されました。秋分の日を真ん中にした１週間を「秋の彼岸」とし、先祖の墓参りなどに行きますが、そもそも彼岸とは、仏教用語で、「三途の川の向こう岸」のことをさします。彼岸の中日に、太陽があの世とされている真西に沈むことから、あの世とこの世が１年でもっとも近づく日と考えられており、先祖の住んでいるあの世に心が通じやすいこの時期に、先祖の供養をするのはここからきています。

朝ご飯がすむと、お父さんとお母さんと三人で、
おじいちゃんとおばあちゃんの所にいきました。
電車にたくさん乗って、着いた所は、お墓。
はるかちゃんは、おとうさんとおかあさんを手伝って、
お墓のまわりをきれいに掃《は》いたり、草むしりをしたり、
墓石を一緒に洗ったりしました。
それから、おじいちゃんが好きだったお酒と、
おばあちゃんが好きだったお団子をお供《そな》えして手を合わせます。
おじいちゃんおばあちゃん、元気ですか？
元気ですかは、おかしいかな？
なんて思いながら、はるかちゃんはおじいちゃんの笑った顔や、
おばあちゃんの温かかった手を思いだしたりしました。

家に帰ると、お父さんがいいました。
「太陽が沈むところも見てみよう」って。
ベランダに行くと、西の空には、大きな大きな太陽。同じ太陽なのに、
はるかちゃんには朝の太陽とはどこか違う気がします。
「ほんとにきれいねえ」
お母さんがうっとりいいました。
太陽は、きらきら輝きながら、ゆっくりゆっくり沈んでいきました。
「もう秋が来るのね」
お母さんは、ちょっとさみしそうにつぶやきます。
夕ご飯が終わると、はるかちゃんは、
画用紙いっぱいに、秋分の日の太陽を描きました。

絵／ゆーちみえこ

10月ごろ

運動会

ウッキキ園の運動会

「ママ、早く早く！」

さるのもんきちくんは、タイヤに乗っかったまま、叫びます。

きょうは、ウッキッキ園の運動会です。

今、行われている親子競技は、『ど根性でウキウキ』というタイヤ引きレース。

「ママ、がんばれ！」

「うりゃーっ！」

もんきちくんのママが、タイヤを引っぱりながらおたけびの声を上げています。

――ズズズズーッ

――ザザザザーッ

あっちでもこっちでも、タイヤを引く音、音、音。

土ぼこりが舞っています。

子ざるが乗っている大きなタイヤを、ママやパパたちが、いっしょうけんめい引っぱっています。

「がんばれーママ！　がんばれーもんきち！」

もんきちくんのおじいちゃんとおばあちゃんが、立ちあがって応援しています。

どうして？なるほど！この行事の由来

明治時代の海軍学校で行われた訓練が発祥！

体育の日によく行われる日本特有のスポーツの行事が「運動会」です。園の行事の中でも大きな催しとして、子どもたちの楽しみの一つになっていますね。

じつは、その歴史は意外と浅く、明治時代に海軍の学校で行われていた競技会がもとになっています。当時は「集団訓練」の意味合いが強く、いまでも組体操など団体で行う競技が見られるのはその名残のようです。また、昔の学校にはグラウンドがなく、神社やお寺の境内で行っていたため、地域のお祭りの要素が入った踊りをするところもたくさんありました。

運動会には、いろいろな競技が行われますが、ただ勝てばよい、優勝すればよいのではありません。運動会で一番大切なのは、勝つこと以上に、園児たちがみんなで協力し、一つの目標に向かってがんばることです。ルールを守り、失敗しながらも努力することは、社会性を築くことにもつながります。子どもの成長のためになる運動会を目指しましょう。

もんきちくんとママが、折り返し地点の三角コーンをまわろうとしたときでした。

「ウキッ！」

もんきちくんが、タイヤから落っこちてしまったのです。

ママは気がつかず、タイヤを引っぱっていきます。

「ママー、待ってよー」

もんきちくんにケガはないようです。

あわててママのタイヤを追いかけます。

今度は、スポン！

ズックが片方脱げてしまいました。

「ママー！　待ってってば」

靴下のまま追いかけるもんきちくんに、
応援席から、ドッと笑いが上がりました。

「まあ、もんきちったら！　なにやってんのよ。早く乗って乗って」

ママはやっと気がついて、けらけら笑いながら
もんきちくんをタイヤに乗せると、またかけだしました。

もんきちくんの脱げたズックは、もちろんそのまま、グラウンドにコロン。

あっちでもこっちでも、子ざるが落っこちたり、
タイヤ同士がぶつかったりと、レースはてんやわんやです。

おじいちゃんもおばあちゃんも、とても楽しそう。

手をぱんぱんたたき、にっこにこ。

「もんきち、しっかりつかまってるのよ！　行くわよー！　とりゃー」

ママは力をふりしぼります。

もんきち組は、もすけ組を抜き、きーこ組を抜き、さっちー組を抜き、今や、トップ！

気持ちのいい青空の下、楽しい声が響きます。

絵／くすはら順子

10月
第2月曜日

体育の日

スポーツの森

秋晴れのスポーツの森公園は、スポーツを楽しむ親子連れで大にぎわい。
みゆちゃんは、芝生の上で、パパとママと輪になって、
ビーチボール遊びをしています。
「みゆの番だよ」
パパが打ったボールは、空に高く上がり、
みゆちゃんのところに落ちてきました。
「はーい。ママ、行くよー」
片手でポーンとはねかえします。
ビーチボールは、ママの頭の上を越えて、芝生にころころろっ。
ママは走っていってボールを拾うと、
「行くわよー！」
ポーンと打ちかえしてきました。
それを、みゆちゃんが、ポーン。
ビーチボールは、三人の間を行ったり来たり。
ビーチボール遊びって楽しいなあと、
みゆちゃんは、おでこの汗をふきふき思います。

絵／ゆーちみえこ

10月

ともやくんは、弟のまさやくんとパパと三人でボールをけって遊んでいます。

まさやくんがボールを、ポンとキック。

「お兄ちゃんにパス！」

それを、ともやくんは、うまくトラップしてかけだしました。

「おお！　うまいな、ともや！」

パパがうれしそうにいいました。

ともやくんは、サッカーが大好きなので、いつもボールで遊んでいます。おかげで、ドリブルもじょうずにできるようになりました。

大きくなったらサッカー選手になりたいと思う、ともやくんです。

お兄ちゃんって、サッカーがじょうずでかっこいいなあと思う、弟のまさやくんです。


スポーツの森市民プールに、泳ぎにきているのは、あかねちゃんとおじいちゃんです。

おじいちゃんのフォームは、とてもきれいです。それに、五十メートルプールを、すいすいと何往復もします。

「ねえ、おじいちゃん。どうしてそんなに泳ぎがじょうずなの？」

あかねちゃんが聞くと、おじいちゃんは笑っていいました。

「泳ぐことが大好きだからさ。それに、たくさん練習をしたからね」

「たくさん練習したら、じょうずになる？」

「ああ、なるよ」

そういうおじいちゃんのバタフライを見ながら、あかねちゃんは思っています。

自分もじょうずになりたいなあ。


どうして？　なるほど！

この行事の由来

東京オリンピックが行われた日に、スポーツを楽しむ

スポーツを通して、健康な心と体づくりを目的に作られたのが「体育の日」。昭和39年の10月10日に開かれた東京オリンピックを記念して設けられました。

通常、夏期オリンピックは、もう少し早い時期に行われますが、10月10日は、1年のうちで（日本の）観測史上晴れる可能性が高いことが考慮されたといわれています（のちに「ハッピーマンデー制度」により、10月の第2月曜日に変更されています）。

この日は、サッカーやバレーボールなどの競技スポーツを行うだけではありませんよ。幅広い意味で体を動かし、健康的な活動をすることがねらいなので、ハイキングやサイクリングなどの野外活動もふくまれています。

また、学校や地方団体が主体となり健康診断や運動能力テストも多く実施されていますから、これらに参加するのもよいでしょう。

この機会に外に出て体を動かしてみてください。

10月10日

目の愛護デー

きつねくん　ぎゅっ

くま園長先生がいいました。

「きょうは、目医者さんが来てくれたよ。目の病気がないか、調べてもらおうね。みんなできるよね？」

「はーい」

おやおや？

きつねくんだけ、何だかとても心配そうな顔ですよ。

「恐いなあ……。やだな、やだな……。痛いのかなあ？」

みんなは一列に並ぶと、やぎの目医者さんに順番に見てもらいました。

「うさぎちゃんの目は……。はい、だいじょうぶだよ。きれいな目だよ」

目医者さんは、にこっと笑います。

「やまねくんの目は……。はい、だいじょうぶだよ。きれいな目だね」

見てもらった子たちは、にこにこうれしそうに保育室に帰っていきます。

いよいよ、きつねくんの番です。

きつねくんは、恐くて恐くて、胸がドキドキ。

目をぎゅっと、つぶってしまいました。

「どうしたんだい？」

目医者さんが聞いても、ぎゅっ。

「1010」は目と眉毛の形。目の健康にご注意を

どうして？なるほど！この行事の由来

10月10日というと、「体育の日」と思う人も多いかもしれません。少し前まではそうだったのですが、2000年から体育の日は、10月の第2月曜日になりました。10月10日は、そのほかいろいろな記念の日でもあります。そのひとつが、「目の愛護デー」です。10月10日の「1010」を横に並べて書くと、ちょうど眉と目の形に見えることから、目を大切にする記念日に選ばれました。

1931年に中央盲人福祉協会の呼びかけで失明予防の運動が起き、「視力保存デー」が定められたのがはじまりです。戦時中は一時中止されていましたが、1947年に再び「目の愛護デー」として復活し、目の病気の予防運動や福祉活動が行われています。

人は、たくさんの情報を目から得ています。普段は何気なく使っていますが、視力は私たちの生活の中でとても重要な感覚ですね。暗いところで文字を読んだり、長時間同じ姿勢で目を使ったりすることは、視力が低下する原因といわれています。悪い生活習慣を見直し、目の健康管理を意識しましょう。

「さあ、きつねくん。開けてごらん」
きつねくんは、ますます、ぎゅっ！
「恐いのかな？　全然恐くないよ。痛くないよ。
ほーら、開けてごらん」
――ぎゅっ、ぎゅーっ
困った目医者さんは、
「いいこと思いついたぞ」
手をポンッとたたくと、きつねくんのわきの下を、
こちょこちょ、こちょ！
「きゃははっ！　くすぐったーい」
きつねくんは大笑い。笑っているうちに、
何だかちっとも恐くなくなりました。
目をパチッと開けたまま、じっとしている
きつねくんの目を調べて、目医者さんはいいました。
「とってもきれいな目だよ。がんばってできたね。
きつねくん、えらかったね」
きつねくんは、うれしくてスキップ。
保育室に、らんらんと帰っていきました。
みんなが終わると、目医者さんはお話をしてくれました。
暗いところで、絵本を読まないこと。
テレビを観るときは、離れて観ること。
よごれた手で目をこすらないこと、などです。
お話の後、みんなが手を洗いに行ったのは、いうまでもありません。

絵／くすはら順子

10月 31日

ハロウィーン

トリック・オア・トリート

ママは用事で、おそくならないと帰らない。

お昼ご飯をパパと食べた後のことだ。

「ジャック・オー・ランタンを作ろう。

ニューヨークじゃ、子どもがみんなやるんだよ」

しごとでアメリカに行ってたパパは、
ぼくの目の前に大きなかぼちゃを差しだした。

それから、古新聞の上で、かぼちゃのおしりをくりぬいた。

「パパ、なにするの？」

「ジャック・オー・ランタンって、ハロウィーンにはつきものの、オバケのことなんだ」

何かおもしろそう！

「ぼくもやる！」

パパは、丸く開けたかぼちゃのおしりから、中の種を全部取りだすと、
スプーンでガリガリと中身をけずり始めた。

ぼくもパパとときどき代わって、かぼちゃの中身をけずる。

そのうち、中がすっかりがらんどうになった。

「こんどは、目と口を作ろう」

パパは、ナイフでかぼちゃの皮に穴を空け、三角の目とギザギザの口を作った。

絵／長谷川知子

「こんどはロウソクだな」

かぼちゃの中にロウソクを灯《とも》すと、不気味なオバケができあがった。ロウソクの炎がゆらゆら揺れて、ギザギザの口、三角の目がオレンジ色に光る。

「子どもがいたずらしてもいい日なんだよ。アメリカじゃ、お菓子をくれなきゃいたずらするぞ、トリック・オア・トリートって叫びながら町を歩くんだ」

そんないい日があるなんて！

それから、ぼくとパパは、ポリ袋やボール紙を使って、コスチュームを作った。ママをびっくりさせようってことになった。

パパはうさぎで、ぼくは魔法使い。

「そろそろ帰ってくるぞ。ジャック・オー・ランタンはテーブルに置いたし、準備完了だな」

と、パパ。

「ママ、どんな顔をするかな？」

「楽しみだな」

コスチュームに着替えて、ママの帰りを待っていると……。

「ただいま！」

ママがリビングに入ってきた。

「な、な、なに？　だ、だ、だれ？」

ぼくもパパも声が出ない。

そいつは、大きなタヌキだった。

「トリック・オア・トリート！」

タヌキのコスチュームを着たママが、うれしそうに笑ってる。


どうして？なるほど！

この行事の由来

おばけの仮装で、さまよう悪霊を追いはらえ！

ハロウィーンは、古代ヨーロッパのケルト人のお祭りがもとになっています。昔のケルト人の旧暦では 11月1日が新年（英語でハロウマウスと言われています）で、前夜の 10月31日は大晦日にあたります。この日に先祖の霊が家に帰って来ると信じられ、同時に、魔女や悪霊もさまよい歩くと考えられていました。

そこで、ハロウィーンの夜には、子どもたちがおばけや魔女、コウモリなどに仮装し、悪霊たちを驚かせ、追い払うようにしたのがはじまりだったそうです。

仮装した子どもたちが、「トリック・オア・トリート（お菓子をくれなきゃいたずらするぞ）」というと、大人たちはそれに従い、「ハッピー・ハロウィーン」といってお菓子をくれます。現代では、もらったお菓子を集めてパーティーを開いたりと、子どもたちにとって、イベント盛りだくさんの楽しい夜になっています。

各家々の玄関前にジャック・オー・ランタンというかぼちゃで作った、ちょうちんを置くのは、先祖の霊たちを迷わせないためのものです。

文化の日　親子展覧会

ひまわり組のみんなは、保育室で、

『文化の日　親子展覧会』に出す作品作りをしていました。

「ミーの顔って、こんなだっけ？」

ともひこくんは、家で飼っているネコを思いだしながら、
クレヨンで絵を描いています。

「ひげは、ぴんぴん」

黒いクレヨンで、長いひげを描きました。

「しっぽはふさふさだろ。おなかはぽっこりで茶色くて……。できた！」

画用紙いっぱいに、大きくてりっぱなミーが描き上がりました。

「お姫様のドレスは、ピンクにして」

ももえちゃんは、お話の絵を何枚も描いています。

「リボンをいっぱいつけよう」

ふんわりとしたドレスを、クレヨンでピンク色に染めて、
リボンをいっぱいつけました。

お姫様のとなりには、王子様。

「ふたりは、結婚して幸せになりました。めでたし、めでたし」

絵／ゆーちみえこ

描いた絵を、お話の順番にとめると、
ももえちゃん特製の絵本ができあがりました。

りくくんは、粘土をこねて、大きな怪獣《かいじゅう》を作っています。

「がおーっ！　ぼくの怪獣は強いんだぞ」

太くて長いしっぽには、ぎざぎざをつけました。

ガバッと開いた口には、牙を生やしました。

「よし、できたぞ。怪獣リックーって名前にしよう」

世界一強くてかっこいい怪獣だと、りくくんは思っています。

展覧会の日がやってきました。
ともひこくんのミーの絵の下には、
お母さんが縫ったてさげ袋が飾られています。
ももえちゃんが作った絵本のそばには、ママが描いた花の絵。
りくくんの怪獣のそばには、パパが撮ったカエルの写真が飾られています。
どの作品も、みんなすてきです。
おやおや？　ホールからは、にぎやかな声が聞こえてきましたよ。
何をしているのかな？　のぞいてみましょう。
パパ、ママ、先生、子どもたち、おじいちゃんにおばあちゃん、
それから、近所のお客さんたちでおおにぎわい。
みんなで、一緒に歌ったり踊ったりしています。
楽しい時間が過ぎていきます。

どうして？なるほど！

この行事の由来

明治天皇のお誕生日。新憲法の公布日でもある！

「文化の日」は、もとは明治天皇のお誕生日で、明治時代には「天長節」、戦前は「明治節」といわれていました。それが戦後になって、ちょうど新しい憲法が公布された日と同じであったことから、「自由と平和を愛し、文化をすすめる日」つまり「文化の日」になったそうです。このとき憲法を記念する日にするという案もあったようですが、当初は天皇を崇拝する日だったため、「憲法記念の日」は、実際に憲法が施行された５月３日に決められました。どちらも憲法にまつわる日が由来になっているというのは、興味深いですね。

また、文化の日には、皇居で文化勲章の授与式が開かれます。文化勲章とは、文化の発展に寄与した人におくられる勲章のことです。「文化が永遠であるように」という願いがこめられ、常緑樹の橘《たちばな》をモチーフにした勲章がプレゼントされます。

ほかにも、芸術祭や文化祭など文化にまつわるイベントが開催されるので、さまざまな文化にふれてみましょう。美しい絵画やよい音楽に親しみ、文化のすばらしさを感じてください。

11月
8日ごろ

立冬《りっとう》

冬を探そう！

みなこちゃんは、パパといっしょに雑木林に行きました。

「寒いね、パパ」

吹いてきた風に、ちょっと肩をすくめます。

「きょうから暦の上では冬なんだよ。立冬というんだ」

そう、パパが教えてくれました。

「さあ、冬を探そうよ、みなこ」

雑木林は、葉っぱがすっかり落ちて、ずっと向こうまで見通しがききました。

足もとには、落ち葉がたくさん積もり、ふっくらしています。

「冬だから、何にもないね。虫もいないね」

「それはどうかな。冬にしか見られない生き物がいるんじゃないかな。ほら、いたぞ！」

落ち葉をひっくり返していたパパは、うれしそうに声を上げました。

茶色い葉っぱの裏側に、茶色い幼虫がくっついています。

「ほんとだ！　何の幼虫かな？　角みたいのが生えてるよ」

「ゴマダラチョウの幼虫だね」

みなこちゃんは、何枚も何枚も、落ち葉をひっくり返してみました。

絵／ゆーちみえこ

ゴマラダチョウのほかにも、オオムラサキという蝶《ちょう》の幼虫も見つかりました。

「いっぱいいるんだね」

　みなこちゃんは、びっくりです。

「落ち葉のふとんは、ぽかぽか温かくて冬越しするにはもってこいなんだ。虫たちは、春になるのを、ここでじっと待っているんだよ」

　土を掘ってみると、コガネムシの幼虫や名前の知らない幼虫も見つかりました。

　枯れ枝には、モンシロチョウやジャコウアゲハのさなぎも見つかりました。

　虫ばかりではありません。

「タンポポが冬越ししてるぞ」

　葉っぱが、地面に張りついたようになっています。

「この形をロゼットっていうんだ。冬は寒いだろ。こうやって葉っぱを地面にくっつけてると、風をよけられるし、太陽の光もたくさん受けられる」

「タンポポってすごいね！」

　工夫して、寒い冬をすごす虫や植物に、みなこちゃんは、びっくりしていました。

　冷たくなった指先に、ふーふー息を吹きかけていたみなこちゃんにパパがいいました。

「さあ、帰ろうか。ママとおばあちゃんが、美味しいおしるこを作ってるはずだ」

「わーい！」

　みなこちゃんはかけだしました。

どうして？なるほど！この行事の由来

木枯らし第1号が吹き、いよいよ冬がやってくる

　11月8日ごろは、暦《こよみ》の上では「立冬」になります。そもそも立冬とは、二十四節気の一つで、この日から冬に入ると言われています。全国各地でも、冬の訪れが見られるようになります。北国では、山に雪が降る「初雪」や、雪がかぶさるように積もる「冠雪《かんせつ》」が見られます。太平洋側では、木枯らし第1号が吹くのもこのころ。木枯らしとは、文字通り、木を枯らすほどの冷たい北よりの風のことです。10月半ば～11月末にかけて、西高東低の冬型の気圧配置で、風速8メートル以上の北または北北西の最初の風を、気象庁では「木枯らし1号」と認定します。

　子どもたちと屋外で遊んでいても、太陽の日差しもだんだんと弱くなりはじめ、昼が短いと感じるようになります。虫や草木も冬支度の準備に取りかかります。園の活動の中でも、冬探しや冬のはじまりを感じさせる歌やお話などみんなで楽しむとよいですね。

　朝夕も冷え込み、かぜをひく子どもが増えてきます。室内の温度調節にも注意しましょう。

11月 9日～15日

秋の全国火災予防運動

火の用心

江戸時代のとある町角。

「火の用心！」

――カチッカチッ

「火の用心！」

――カチッカチッ

佐助さんと二吉さんは、拍子木《ひょうしぎ》を打ち鳴らし、夜回りをしています。

廻船《かいせん》問屋越後屋さんの角を曲がったら、今夜の夜回りは終わり。

「冷えるねえ、二吉さん」

「ああ、冷える冷える。これがすんだら、熱燗《あつかん》でキュッといきやしょうよ、佐助さん」

そういいながら、二人が越後屋さんの角を曲がったときです。

「うわっ！」

店の裏から火の手が上がっています。

「付け火にちがいねえ！　火事だー！」

二吉さんは、越後屋さんの戸口をどんどんたたき、店の人を起こします。

佐助さんは半鐘《はんしょう》のところまで急いでかけていって、はしごをどんどん登り、鐘をたたきます。

どうして？ なるほど！ この行事の由来

京都の大地震がきっかけ。正しい避難の知識をもって

11月に入ると秋も深まり、そろそろストーブなど暖房器具を出す家庭も多いですね。この時期に気をつけたいのが火事。空気が乾燥しているので、火の回りが早く被害が拡大する危険性の高い季節です。

「火災予防運動」は、そんな火事が多くなる11月の火事発生を防止するために、昭和25年（1950年）から消防庁の指導のもと行われています。

きっかけは、1927年に北丹後（京都府）で起きた大きな地震でした。このときの火災で多くの死傷者が出たことから、防火防災を広めようという活動がはじまったのです。

最近ではオール電化なども進み、火を見る機会が少ない子どももいるといわれています。まずは火がどのように危険で、また大切なものなのかを伝えてください。そして、避難についての正しい知識を、幼いころから身につけるようにしましょう。この火災予防運動期間に消防訓練を行う園も多いかもしれませんが、火事が起きたら、慌てず速やかに避難できるよう、園児たちに日ごろから指導することが大切です。

――カンカンカン　カンカンカンカン

「火事だー！」

そして、大声で叫びます。

越後屋では、店の人たちがおどろいて出てきて、さっと一列に並んだかと思うと、

「えんや！」

「それ！」

「ほい！」

手から手へと、水の入ったおけを渡して、火を消しはじめました。

おかげで、しばらくすると、火はすっかり消えました。

「よかったよかった！」

「ぼやですんだぞ。不幸中の幸いだ」

佐助さんと二吉さんは、そういってほっとしました。

「おふたりのおかげです。ありがとうございました」

お店の主人は、深々と頭を下げました。

「火事はどこだーっ」

そこに駆けつけてきたのは、まといを抱えた火消しのい組。

「たった今、消えたところです。お騒がせしました」

主人の言葉に、い組の男たちは帰っていきました。

「さあさ、どんどん飲んでくださいね」

越後屋さんの客間で、佐助さんと二吉さんは、

ご主人から熱燗をいただいておりました。

「うひゃあ、うめえな、このお酒」

二人の顔は、火事みたいに真っ赤です。

絵／くすはら順子

七五三

七五三インタビュー

ゆり組の保育室には、みんなの写真が貼ってあります。
ゆかこちゃんは、『あかちゃんのわたし』と、
『いまのわたし』の写真を見比べながら思います。
（あかちゃんの自分って、なんて小さいんだろう。
それに、なんて可愛いんだろう）
「うふふ……。ちひろちゃんもだ」
ゆかこちゃんの写真のとなりには、
友だちのちひろちゃんの写真。
あかちゃんのちひろちゃんは、
ぷっくりしていて、髪の毛がほわほわ。

「さあ、七五三インタビューが始まるわよ。行きましょう」

としこ先生と一緒に、ゆり組のみんなは、ホールに入りました。

「四歳のときにはできなかったけど、
五歳になってできるようになったことは、何ですか？」

園長先生が、マイクを持って一人一人聞いてまわりました。

「逆上がりができるようになりました」

絵／うつみのりこ

そう答えたのは、けんいちくんです。

すごい！

ゆかこちゃんは、前回りが一回できるだけです。

「自転車に乗れるようになりました」

そう答えたのは、まゆみちゃんです。

わたしも乗れる！　四歳から乗れたもん。

「弟とけんかをしなくなりました。おもちゃも貸してあげられるよ」

そう答えたのは、ちひろちゃんです。

えらい！　わたしはいつもけんかばっかり。

ママにおこられちゃう。

ゆかこちゃんには、ちひろちゃんがとてもりっぱに見えました。

「さあ、次は、ゆかこちゃんね。

五歳になってできるようになったことは、何ですか？」

園長先生のインタビューに、ゆかこちゃんは胸を張って答えます。

「はい、ゆかこサラダを作れるようになりました」

「ゆかこサラダ？　どんなサラダかな？」

「小さい包丁で、にんじんやレタスを切って作ります」

「おおーっ！」

みんなから、どよめきが上がりました。

ゆかこちゃんは、うれしくて、もじもじ。

今夜もゆかこサラダを作ろうと、ゆかこちゃんは思っています。

どうして？なるほど！

この行事の由来

昔は、成長に合わせて髪型や着るものを変えていた

「七五三」は、子どもが７歳、５歳、３歳になったときに神社やお寺にお参りをして成長を祝う行事ですが、どうしてこの歳に行うのでしょうか？　これは、昔、子どもの成長に合わせて、髪型や着るものを変える儀式が行われており、その名残といわれています。

儀式は、男女とも３歳で髪をのばしはじめる「髪置《かみおき》」、男の子が５歳で袴に着替える「袴着《はかまぎ》」、女の子が７歳で帯をしめる「帯祝い《おびいわ》」の３つあり、それらの年齢をとって「七五三」と名付けられました。

昔はいまと違って医療が未発達だったため、乳幼児の死亡率が高く「七つ前は神のうち」といわれ、７歳まではまだこの世に命が定まっていないと考えられていました。ですから、７歳までの節目の歳にそれまで無事に育ったことを喜び、祝いの儀式を行ったのでしょう。

また、11月は収穫の季節なので、秋の恵みを神さまに感謝する意味もふくまれていたそうです。儀礼だけにとらわれず、子どもの成長、そして自然の恩恵に感謝することを忘れないようにしましょう。

11月 23日

勤労感謝の日

おしごと見学に行こう！

ひまわり組のみんなは、おしごと見学に行きました。

一軒目は、お花屋さんです。

「どんなしごとをするんですか？」

と、ともきくん。

「お花を売ったり、お水を取り替えたり、お店をきれいにしたりします」

お花屋さんはいいました。

そこに、お客さんがやってきました。

「孫の誕生日なの。花束を作ってちょうだい」

お花屋さんは、可愛らしい花束をさっと作りました。

「孫にぴったりよ！」

お客さんは、喜んで帰っていきました。

（お花屋さんてすごいなあ！）

ともきくんは、思います。

二軒目は、カバン屋さんです。お店の奥に工場があります。

「どんなしごとをするんですか？」

と、さちこちゃん。

「どうすれば、使いやすくなるか考えながら、デザインするんだ。

どうして？なるほど！ この行事の由来

働いている人や働くことへ感謝したい日

11月23日は、戦前まで「新嘗祭《にいなめさい》」という祭日が設けられていました。新嘗祭とは、天皇がその年に採れた穀物を神に供え、自らもそれを食べることで、天からの恵みに感謝するというものでした。また、天皇だけでなく、庶民のあいだでも収穫を祝う慣習があったそうです。人々は労働によって得られたものをかたちとして、実感することができたのでしょう。

戦後になって「新嘗祭」はなくなりましたが、1948年に国民の祝日が制定されました。この祝日が「勤労感謝の日」です。「勤労を貴び、生産を祝い、国民が感謝しあう日」という趣旨で、みんなが助けあい、よりよい社会をつくることが目的とされています。

お菓子屋さん、お巡《まわ》りさん、お医者さん、先生など子どもたちの周りには働いている人がたくさんいます。その人たちのおかげで、毎日を快適に暮らせることを忘れないようにしましょう。子どもたちには、「君たちの靴や帽子は、人が気持ちを込めて作ったものなんだよ。大切にしようね！」と教えてあげると、物のありがたみを身近に感じることができそうですね。

それから、革《かわ》を切ったり、縫《ぬ》ったりするよ」

　ご主人は、ダダーッと勢いよくミシンをかけました。

（カバンを作るのって、たいへんなんだ）

　さちこちゃんは、思います。

　次はレストラン。それから、お団子屋さん。

薬屋さんにも行きました。最後は交番です。

「どんなしごとをするんですか？」

　たくみくんが聞くと、
お巡《まわ》りさんはにこにこ笑っていいました。

「困っている人を助けるんだよ」

　そこに、おじさんがやってきました。

「お財布を落としました！」

「どんなお財布ですか？」

　お巡りさんは、おじさんにいろいろ聞くと、
机の引き出しから財布を取り出しました。

「あっ、それだ！」

　おじさんは大喜び。

「よかったですね。さっき拾ってくれた人がいたんですよ」

　ふりかえりふりかえりおじぎして帰っていくおじさんに、
お巡りさんは、右手で敬礼《けいれい》します。

（大きくなったら、お巡りさんになろう）

　たくみくんは、敬礼のまねをします。

　いろんなしごとがあって、みんながんばっているんだなと、
ひまわり組のみんなは思っています。

絵／ゆーちみえこ

12月 8日

成道会《じょうどうえ》

そよかぜ園の成道会

うさぎのピョコちゃんが登園すると、
そよかぜ園の山門には、五色の仏旗《ぶっき》が、
はたはたとはためいていました。
「きょうは、お釈迦《しゃか》さまのお悟《さと》りをお祝いする日ね。
ピョコは代表だものね。がんばってね」
ママの言葉に、ピョコちゃんは、にっこりうなずきます。
「お数珠《じゅず》も持ったし、だいじょうぶ」
ピョコちゃんは、通園バッグを、
ぽんぽんたたいていいました。

やぎ先生の後について、ピョコちゃんたちは、
静かに本堂に行きました。
そよかぜ園のみんなは、ケープを肩にかけ、
手にはお数珠をにぎりしめています。
しずしずと本堂に入り、畳の上にきちんと正座します。
「代表さん、後ろに来てください」
やぎ先生の声に、ピョコちゃんは、「はい」と立ちあがり、

絵／なかむらようこ

お花や果物、お香やお灯明《とうみょう》が置いてある所に行きました。
ピヨコちゃんは、お花を持つ係。お花をそうっと持ち上げます。
いつもの園と違うおごそかな雰囲気に、
ピヨコちゃんの胸は、さっきから、どきんどきん。
お灯明係、ねずみのチョロくんも、お香係、
やまねのクンちゃんも、とても真剣な顔をしています。
果物係のくまのドンくんも、緊張しているようです。
年少さんたちが見守る中を、ピヨコちゃんたち代表さんは、
ゆっくりゆっくり、静かに進みます。
お釈迦さまに、お供《そな》えするのです。
おしゃべりする人はだれもいません。
本堂は、しーんとしています。

お供えが終わると、やぎ先生のお話を聞きました。
「物事の本当の正しさを知り、
その正しさにしたがった生きかたをしましょう。
そうすれば、幸せになりますよ」
やぎ先生のお話は、ピヨコちゃんには
とても難しくてよく分かりませんでした。
けれど、きょうは、大切な、特別な日なのだということを、
ピヨコちゃんはなんとなく感じとっていました。
ホットミルクとおもちの入ったぜんざいをいただきながら、
ピヨコちゃんは、こう思っています。
優しい、いい子になりたいなあ。

どうして? なるほど! この行事の由来

お釈迦《しゃか》さまが「悟り」をひらいた仏教の記念日

毎年12月8日になると、全国のお寺や仏教系の園では「成道会《じょうどうえ》」が行われます。成道会とは、お釈迦さまが悟りを開いた日を記念して行われる行事です。

いまから2500年前、お釈迦さまは「人はなぜ悩むのか? 人が救われる道はどこにあるか?」と悩み続けていました。そこで、国王になる道を捨て29歳で出家し、修行者に弟子入りしたり、苦行を重ねたりします。しかし、なかなか人を救う方法が見つかりません。ある日、河で身を清めていたお釈迦さまは、スジャータという村娘にお粥《かゆ》をもらいました。元気になったお釈迦さまは、菩提樹《ぼだいじゅ》の下で瞑想《めいそう》をはじめます。そして12月8日についに悟りを開き、仏《ぶっ》陀《だ》となりました。

このことを記念して、行われる法要が「成道会」です。お釈迦さまが悟りを開かれたことによって、仏教がはじまったのですから、仏教にとっては、とても重要な日になります。「悟り」を子どもに教えるのは難しいものですが、紙芝居やビデオなどを使ってエピソードとともにお話してあげるところもあります。

もちつき

つきたてのほかほかおもち

せいろから、湯気が上がっています。

きょうは、園のおもちつき。園庭は子どもたちや、お手伝いのパパ、ママで大にぎわい。

「もちごめが蒸《ふ》かしあがったわよ！」

としこ先生がいいました。

「これを臼《うす》に入れるの。お父さんたち、熱いので気をつけてくださいね」

「よし！　おもちつき始めるぞ！」

れんくんのパパは、つばさくんのパパと一緒にせいろを持ち上げると、中のもちごめを臼にあけました。

もわもわーっと、湯気が上がりました。

――ぺったん　ぺったん！

おもちつきの始まり始まりー。

れんくんのパパが大きな杵《きね》を振りあげて、

――ぺったん！

つばさくんのパパが、おもちをひっくり返して、

「よいしょ！」

――ぺったん！

どうして？なるほど！この行事の由来

神さまが宿るおもちを食べて新しい年を迎える

「もちつき」は、お正月に食べるお雑煮用のもちや鏡もちを準備するための行事です。本来、もちは「望《もち》」という漢字にも表され、「満ちたりる」という意味からおめでたい日の食べ物とされていました。

とくに１年のうちでいちばん大切な行事であるお正月には、丸い円形のおもちを２段重ねた「鏡もち」が用意されました。これには神さまが宿るとされ、お正月にお供えをしてその年の家族の幸福を願ったのがはじまりです。また、このもちを食べることで、新しい年に、新しい命が授けられる（＝新しく生まれ変わる）といわれていたそうです。

現在では、家庭でもちつきをする機会がなくなりましたが、園や町内会などでは、昔ながらの臼《うす》や杵《きね》などを使ったもちつきが行われることもあります。できるだけ、子どもにもちつきの実体験を味わわせ、自分たちでついたおもちを食べさせましょう。お米をもちにして食べるという日本人の知恵や由来を、子どもたちに伝えることができるでしょう。

「よいしょ！」

杵でおもちをつく音と、合いの手が園庭に響きます。

子どもたちは、大きな臼をぐるりと取り囲んで、わいわいうれしそうです。

「さあ、お次はみんなの番だよ」

れんくんのパパは、子どもたちと交代しました。

最初は、れんくん。子ども用の小さめの杵を思いっきり振りあげて、

――ぺたっ
「よいしょ！」

――ぺたっ
「よいしょ！」

お次は、つばさくんの番です。

――こつん！

あ、失敗失敗。臼をたたいてしまいました。

「だいじょうぶ。もう一回やってごらん」

れんくんのパパの声に、つばさくんは、ねらいを定めて、

――ぺったん！

みんなで交代しながらやっていくうちに、おもちがつきあがりました。

お手伝いのママたちが、おもちを小さく丸めて、
お醤油《しょうゆ》の入ったトレーに、ぽとん。きなこのトレーにぽとん。

あんこのトレーにぽとん。

つきたてのやわらかほかほかおもちに、
れんくんもつばさくんも、みんなも舌鼓《したつづみ》を打ちます。

「おいしいね！」

「おいしいよ！」

絵／長谷川知子

12月
25日

クリスマス

サンタさん、くるかな？

よい子にしてると、サンタさんがやってくるんだって。

ぼくのところにも来るといいなあ。

きつねくんは、そう思っています。

ある日の保育室。

「もみの木に、クリスマスの飾り付けをしましょう！」

クリスマスの音楽が流れる中、やぎ先生は、
大きなもみの木を指さしました。

「わー！」

みんな大喜びです。

箱の中には、たくさんの飾り。お星さまや小さなサンタクロース、
リボン、金銀のモール、白い綿、電飾などがどっさりです。

やぎ先生は、ていねいに一つひとつ取り出しては、
子どもたちに手渡します。

「きれいに飾りましょうね。はい、きつねくんは、これね」

「ありがとう！」

きつねくんは、真っ赤なリンゴと丸い玉をもらって、
もみの木につるしにいきました。

絵／なかむらようこ

「どこに飾ろっかな？　ここにしよっかな？　それとも、こっちにしよっかな？」

もみの木をのぞきこんだときでした。

きつねくんの頭がさるちゃんの頭に、ごっつーん！

「いたーい、いたーい。痛いよー！」

さるちゃんは、泣き出してしまいました。

きつねくんも、びっくりしたのと、痛いのとで、
やっぱり涙がぽろぽろぽろ。

「きつねくんが、ぶつかったー！」

さるちゃんは泣きながら、きつねくんを指さします。

すると、きつねくんの口もとまで出かかっていた
「ごめんなさい」が、ごっくん。

おなかに入ってしまったのです。

（ごめんねって、いわなくちゃ……いわなくちゃ）

思っているのに、出てきません。

そこに、やぎ先生がやってきて、優しい声で、

「きつねくん、大きく息を吸ってごらん。ほら、出てくる、出てくる……」

「ごめんね！　さるちゃん」

きつねくんの口から、ぽんと飛びだしました。

さるちゃんも、にこっ。

「うん！」

そして、いっしょに飾りをつるしました。

「ごめんなさいのいえるよい子のところには、
サンタクロースがやってくるのよ」

やぎ先生の言葉に、きつねくんは、ほっとしています。

どうして？なるほど！　この行事の由来

サンタクロースは、本当に存在していた!?

クリスマスは、イエス・キリストの誕生を祝う日です。このとき、子どもたちにとって一番楽しみなのが、前日のクリスマスイブにサンタクロースが届けてくれるプレゼントですね。

じつは、このサンタクロースは、４世紀のトルコにいたカトリック司祭のセント・ニコラウスがモデルになっているといわれています。ニコラウスが貧しい人たちを助けたことから、クリスマスのおとぎ話が生まれました。

サンタクロースが靴下にプレゼントを入れるというのも、ニコラウスの投げ入れた金貨がある家の暖炉にかかった靴下に偶然入ったというエピソードがもとになっているそうです。

クリスマスのイベントで、園やおうちでは、星、ろうそく、ベル、十字架などでツリーをきれいに飾りますね。このツリーに使われるもみの木は、「太陽」と「生命」のシンボルといわれ、冬の厳しい寒さや乾燥に耐えるたくましさが、キリストのお祝いにふさわしいと考えられていたともいいます。

12月
31日

大晦日《おおみそか》

特別な日

みくちゃんは、エプロンをつけ、
キッチンでママのお手伝いをしています。
「みくちゃん、これで重箱《じゅうばこ》をふいてくれるかしら。
そしたら、ママがおせち料理を詰めるから」
ママがわたしてくれたふきんで、みくちゃんは、
重箱の隅《すみ》から隅まで、きゅっきゅとふきあげました。
「じょうずにできたわね。ありがとう」
ママはそういって、重箱に、できあがったお料理を、
ていねいに詰めはじめました。
焼いた海老、紅白の蒲鉾《かまぼこ》、伊達《だて》巻《ま》き、栗きんとん、
昆布巻き、田作《たづく》り、数の子、鯛の姿焼き、などなど……。
色とりどりのお料理が、一の重《じゅう》、二の重、三の重に、
ぎっしり並んでいます。とてもいい匂いです。
「わー、すごい！ おいしそうなお料理だね。
わたし、おなかがすいちゃった！ 食べてもいい？」
「あら、まだよ。おせち料理をいただくのは、
お正月になってからね」

どうして？ なるほど！
この行事の由来

新年がよい年になるように、年神さまを迎える日

大晦日は１年の締めくくりであり、家族みんなで新しい年に期待を寄せる日です。「晦日」が月の終わりを意味するので、１年の最終日である12月31日は大晦日と呼ばれています。

もともと大晦日の夜には、年神さまをお迎えするために、家族そろってひと晩中起きておく、という慣習がありました。これは大晦日の夜、早く眠ってしまうと、白髪になったり、顔にしわが増える、などの言い伝えがあったからです。また、現在では正月におせちを食べますが、昔の人は、大晦日に食べていたそうです。

大晦日に行う風習で代表的なものの一つが、「除夜の鐘」。この夜、全国のお寺では、よい新年を迎えるため108回鐘が鳴らされます。108という回数は、仏教の教えからきていて、人間の体や心を苦しめる煩悩の数といわれています。回数を忘れないようにとお寺では数珠を使ったり、豆を用意したりして数えるそうです。

昔は、新年があける前に107回鳴らし、最後の１回を年明けに鳴らしていたのですが、近年では、大晦日と新年をはさんで108回を鳴らすお寺が多くなっています。

「なあんだ……。早くお正月、来ないかなあ」

みくちゃんのほっぺたが、ちょっとぷっ。

ママは、ふふっと笑っていいました。

「お正月は、あしたよ。だから、少しのがまん。

きょうは一年の最後の日で、大晦日っていうの」

「おおみそか？」

「そ、大晦日。きょうで、今年が終わっちゃうの。すごい日でしょ」

「うん！」

きょうという日は、とても大事で、
特別な日なんだということが、
みくちゃんには分かりました。

「みくちゃん。お正月用に、お箸《はし》の袋を作らない？」

おばあちゃんです。

「うん、作る、作る」

みくちゃんは、おばあちゃんの部屋で、
千代紙《ちよがみ》を折っています。

「そこを、山折りにして。そうそう、そして、谷折りよ」

おばあちゃんが、作り方を教えてくれました。

鶴の形をしたすてきな箸袋が、
コタツの上にいくつも並びます。

「お正月も特別な日。きょうの大晦日も、特別な日！」

みくちゃんは、そう思うのです。

絵／ゆーちみえこ

年越しそば

藪一《やぶいち》そば屋

大晦日とあって、そば屋の藪一では、
そばを打つ音がひっきりなしに続いています。

――たんたんたんたん　たんたんたんたん
「ながーいそばを食べると、寿命がのびるっていうもんだ……」

そうつぶやく藪一の主人、そばのすけさんは、朝から大忙しです。

「お前さん、かけそば一つに、ざるそば二つたのんだよ！」

女将《おかみ》さんのおつゆさんは、きりりとたすき姿で、
そばを運んだり、空《から》の器を下げたりしています。

「ほいよ、まかせろ！

そばを打っては切って、切っては茹《ゆ》でて、
茹でて運んで、運んで打って……。

「こうめ、さっさと空の器を洗っちまえ。洗ったら薬味《やくみ》の準備だ！」

「はーい、お父ちゃん」

一人娘のこうめちゃん十歳も、洗い場を行ったり来たり。

空になった器を、洗ってはふいて、ふいては洗って。

「それから、ねぎを刻まなくっちゃ」

――とんとんとんとん　しゃっしゃっしゃっしゃっ

どうして？ なるほど！ この行事の由来

家族そろって幸福を願いながらそばを食べる

年越しそばは、江戸時代からあったといわれています。このころ、商人たちは月の終わりになると忙しくなるため、夜遅くにそばを食べる習慣があり、月末を「晦日《みそか》」ということから、このそばを「晦日そば」と呼んだそうです。その風習がもとになり、年の最終日（大晦日）にも、おそばを食べるようになりました。

商人たちが、なぜそばを食べるようになったか？　その由来は、いくつか伝えられていますが、よく知られているのは、そばは細く長く伸びることから「丈夫で健康に暮らせるように」という説や、金銀の細工師が散らばった金の粉を集めてそば団子にしたため、「お金が入ってくるように願った」という説です。

そのほかにも、そばは切れやすいため、「1年の苦労を新しい年に持ち越さないように」や「借金や災厄と縁を切った」という説もあります。ちなみにこの説では「勘定そば」「縁切りそば」「年切りそば」と呼ばれていました。

いずれにしても、年越しそばは、新しい年に期待を寄せながら、家族そろって幸福を願うという、すてきな行事といえますね。

こうめちゃんは、刻む刻む、ねぎの束。

「はい、おまちどおさま！」

おつゆさんが運んできた、できたてのかけそば、ざるそばを、お客さんは、つるつるすすっていいます。

「年越しそばを食って、長く幸せに生きたいもんだ」

「ああ、まったくだ」

そばのすけさんもおつゆさんもこうめちゃんも、休む暇もなく働きます。

「お父ちゃん、ねぎがなくなっちゃった！」

「店の外に、売るほどあらー」

ねぎを取りにいったこうめちゃん、少しして、大勢の子どもたちを引き連れてもどってきました。

「な、なんだ？」

「お父ちゃん、年越しそばを食べさせてやって。あんまりいいにおいがするからって、ずっと立ってたんだって」

子どもたちのわらじも履《は》かない小さな足は、しもやけだらけ。

「そうかい、そうかい。今夜はお年越しだもの。さあ、たんとお上がりよ」

おつゆさんは気前よく、ぽんといってのけました。

「おばちゃん、ありがとう！」

――つるつるつるつる
――つるつるつるつる
藪一そば屋には、お客さんや子どもたちの、うまそうにそばをすすする音、音、音。

みんなにこにこいい笑顔をしていいました。

絵／くすはら順子

1月 1日

正月

明けましておめでとう！

「明けましておめでとう！
今年は、ママにあかちゃんが生まれるでしょ。
だから、ぼく、優しいお兄ちゃんになるんだ」
おせち料理をいただきながら、のぶやくんはいいました。
「まあ、それはうれしいわ。あかちゃんも喜ぶわよ」
ママが大きなおなかをさすっています。
和服姿のパパもおじいちゃんもおばあちゃんも、
にこにこ笑っています。
「明けましておめでとう！
去年から続けているジョギングを、
今年もがんばります。もちろん、仕事もがんばります」
パパは、お屠蘇《とそ》をいただきながらいいました。
「明けましておめでとさん。
今年は、囲碁の昇段試験を受けて、合格せにゃならんな。
囲碁クラブの仲間とは、今年もなかよくしたい」
おじいちゃんも、お屠蘇をおいしそうにぐびっと飲んでいいました。
「みんな、明けましておめでとう。

どうして？なるほど！ この行事の由来

1月1日の朝。新しい年のスタート

「元旦」というと、1月1日（元日）のことと考える人が多いのですが、本当は1月1日の朝のことをさします。元旦の「元」は「はじめ」、「旦」は「朝」を意味する言葉です。「旦」という字をよく見ると、地平線からのぼる朝日の形をしていますね。現在でも初日の出を見に出かけることがありますが、太陽が恵みのもととして尊ばれていたことがわかります。

日本人にとってお正月のスタートとなる元旦は、その昔は、大晦日の夜に神さまが山からおりてきて、元旦の夜明けと共に私たちに新しい年を与えると考えられていました。門松やしめ縄を飾り、鏡もちを供えたりするのは、この神さまを迎えるための習わしなのです。

1月13日までが「大正月（三が日）」、15日まで（関東では7日まで）が「小正月」といわれ、いろいろな行事や催しが行われます。

また、元日は昨年の反省をし、新年の目標を考える節目でもあります。お家や園で、どんな年にしたいか皆で話してみるのもよいでしょう。

わたしは、編み物の腕を上達させるの。
展覧会にも出したいし、あかちゃんの帽子も編んであげたいし。
いろいろあって、今年も楽しくなりそうね」

　おばあちゃんは、お雑煮をおいしそうに食べながらいいました。

「明けましておめでとう。わたしは、家族の健康管理ね。
栄養バランスを考えておいしいお料理を作りたいわ。
ところで、おばあちゃんと作ったおせち料理のお味はいかが？」

　ママは笑いながら、おせちの組み重をさしました。

「おっと、そうじゃったな。
うまい、うまい。
こんなうまいおせちが食べられるなんて、わしゃ、幸せじゃ」

　と、おじいちゃん。

「ママのお料理は最高だよ。
おばあちゃんの味を受けついだこの黒豆なんか、絶品だよなあ」

　と、パパ。

「ぼくは、お雑煮がだーいすき！
あかちゃんも好きだといいなあ。ねえ、あかちゃん……」

　のぶやくんは、ママのおなかをすりすりなでてあげました。

　ママは、のぶやくんをそっと抱きしめて、

「ありがとね。優しいお兄ちゃん」

　今年もよい年になりそうです。

絵／うつみのりこ

1月 2日

書き初《ぞ》め

明るい年

ここは江戸時代のとある寺子屋《てらこや》。寺子屋とは、今でいう小学校のようなものです。

「明けましておめでとう！　みんなはよいお正月を迎えたかな。今年もいっしょうけんめい学問に励みましょう」

あきのすけ先生は、子どもたちを前にして、あいさつをしました。

「きょうは、一月二日。新しい年を迎えての、事はじめの日です。お習字をすることを、書き初めといいます。元旦にくんでおいた水があるので、それをお使いなさい」

「はーい！」

はじめに、けんきちくんが水をもらいにいきました。ほかの子どもたちは、文机《ふづくえ》を前にして、ピンと背筋を伸ばし、自分の順番を待っています。

「元旦にくんだ水で墨をすると、字がじょうずになるってほんとですか？」

けんきちくんが聞きました。

「昔からそういわれているんだよ。字がじょうずになるように、いっしょうけんめい練習しようね」

と、あきのすけ先生。

どうして？なるほど！この行事の由来

明るい年になるように心を込めて字を書く

年のはじめに毛筆で字を書くことを「書き初《ぞ》め」といいます。本来は、1月2日の仕事はじめに行うもので、もとは宮中で行われていた儀式でした。その当時、書き初めの墨水には、元日の朝にはじめてくんだ水（若水《わかみず》）を使い、その年のよい方向とされる恵方《えほう》に向かって、縁起のよい言葉や詩を書いていたようです。これが江戸時代に行われていた寺子屋の教育の普及とともに、習字の一つとして庶民の間でも行われるようになりました。

この書き初めで書いた紙は、前の年のお札、しめ飾り、門松などと一緒に1月14日の夜、または15日の朝に焼き払います。その炎が高く舞い上がるほど、書道がうまくなるといわれ、また、この火で焼いたもちを食べると、その年の1年間、病や災難がなく快く過ごすことができるともいわれています。

いまでも1月2日になると、各地で子どもたちを対象とした「書き初め大会」が開かれます。毛筆を使うことも少なくなりましたが、年のはじめに心豊かな気持ちで筆をとってみるのもいいものです。

「はい！」
けんきちくんは、水をもらって、元気よく答えました。
みんなは、お習字を始めました。
すっすっ、すっすっと、墨をする音が
静かな部屋に聞こえています。墨の匂いもしています。
いつもやってるお習字なのに、きょうはいつもと違うなあ。
ちょっと緊張するなあ。
けんきちくんは墨をていねいにすりながら、そう思っています。
先生が書いてくれたお手本の『お正月』や
『明るい年』『松竹梅《しょうちくばい》』『明けましておめでとう』などを見ながら、
みんなは、筆を走らせました。何度も何度も書きました。
ときどき、先生のところに持っていっては、見てもらいます。
あきのすけ先生は、「よく書けているよ」と、
書いた文字に朱色《しゅいろ》の花丸をつけてくれたり、
「ここは、まっすぐにのばすんだよ」と、
直してくれたりしました。

そして、現代。
けんきちくんの、
子どもの子どもの……子どもの子どもの……けんとくんは、
家で書き初めをしています。
「できた！」
半紙に、『明るい年』の文字が、
大きく元気にのびのびと書けました。

絵／くすはら順子

みどりちゃんの初夢

野原を走って走って、どこまでも走って、みどりちゃんは、両手をすいっと前に伸ばしました。

すると、体が浮いたので、かえる泳ぎをしました。

——すいっすいっすいっ
みどりちゃんは、空を飛べたのです。

「わーい！ 飛んでる飛んでる！」

——すいっすいっ
どんどんのぼっていきます。体が軽くなって、いい気持ち。白い雲にも、届きそう。

今度はクロールをやってみました。

手のひらで空気をつかみ、足で空気をたたいて、みどりちゃんは空を泳ぎます。

見下ろすと、さっき遊んでいた野原が見えました。黄緑色の小さなハンカチのようです。

「あ、富士山だ！」

雲の向こうに、雪をかぶった大きな山が見えました。写真で見たことがあります。

——ばさっばさっ

絵／長谷川知子

羽音がして、みどりちゃんのところに、大きな茶色い鳥が飛んできました。

「明けましておめでとうございます。ぼく、鷹《たか》です。あなたは、だれ？」

大きな鳥は、不思議そうな顔をして聞きました。

「わたしは、みどり」

「みどりっていう鳥ですね？」

「ううん、違う。みどりは、みどり」

すると、大きな鳥は、首をかしげて行ってしまいました。

みどりちゃんは、また、かえる泳ぎをしながら、下を見下ろしました。

みどりちゃんちの赤い屋根が小さく小さく見えています。

「あっ、ママだ」

ベランダで洗濯物を干しているママが見えました。

「ママーっ！」


みどりちゃんは、目を覚ましました。

「なあんだ……。夢だったのかあ」

空をもっと泳ぎたかったような、
夢でよかったような気がしていたみどりちゃん。

ママがいいました。

「今年いいことがあるかもよ」

「どうして？」

「新年になって初めてみる夢を初夢というの。

縁起が一番いい夢は富士山。二番目は鷹。三番目はなすびよ」

それを、『一富士二鷹三なすび』っていうことを、
初めて知ったみどりちゃんです。

どうして？ なるほど！ この行事の由来

初夢は「富士山・鷹・なすび」が縁起がよい！

一般的に初夢とは、元日、または正月２日の夜に見る夢を指します。古くは節分の夜に見る夢でしたが、暦制の関係から「事始め」の正月に移ったと伝えられています。

昔から、初夢の内容でその年の運勢を占う風習があり、とくに縁起がよいといわれているのが「一富士《ふじ》、二鷹《たか》、三茄子《なすび》」です。現代でいうと夢占いのようなものですね。

富士は日本一の山、鷹は賢く強い鳥、なすは物事を「成す」というように、めでたい意味と語呂がいいことがその由来になったといわれています。また、徳川家康の大好きなものが、「富士山と鷹狩りと初物《はつもの》のなす」だったので、家康にあやかるなど、さまざまな説があります。

三なすびのあとには、続きがあることをご存知でしょうか。「四扇《おうぎ》、五煙草《たばこ》、六座頭《ざとう》」がそれです。

七草粥《がゆ》

ふくふく煮えた　七草粥

ななちゃんは、おばあちゃんと一緒に、公園で遊んでいます。

「まあ、なずなだわ！」

そういっておばあちゃんは、公園の隅《すみ》っこで、緑色の葉っぱを摘みました。

「なずなを使って、ママにお粥を作ってあげましょう。体が温まるし、ビタミンも豊富で体がじょうぶになるのよ」

ななちゃんも、あちこちなずなを探します。

「おばあちゃん、これは？」

「違うわね。ただの草よ。車輪のように丸くなって、地面に張りついているのが、なずなよ」

「なずな、なずな。なずなやーい！　おばあちゃん、これは？」

「似てるけど違うわね。それはたんぽぽよ」

なずなは、なかなか見つかりません。

ちらちらと、雪が舞い降りてきました。

「降ってきちゃったわね。寒い寒い。ななちゃん、スーパーで春の七草を買ってから帰りましょう」

「ななも、なずなを見つけるんだもん。ママが元気になるように……」

どうして？なるほど！この行事の由来

健康で長生きするために食べる七草粥

1月7日になると春の七草を集めて食べる「七草粥」の習慣があります。春の七草とは、せり、なずな、ごぎょう、はこべら、ほとけのざ、すずな、すずしろを指します。

七草を食べる、現在のような習慣がはじまったのは、平安時代からです。「病気がなく、長生きできるように」とお祈りをしながら、摘んだ若菜を食べる習慣がありました。

雪の下に芽が出る若菜の強さから親しまれ、後に「邪気」と「疫病」を予防するおまじないとして七草粥を食べるようになったのです。

現代では、お正月のごちそうを食べて、疲れた胃を休めるという意味合いもあります。

春の七草のほかにも「秋の七草」があり、こちらは春の七草と違い、食べることはしません。9月の十五夜に七草を飾り、見て楽しみます。

昔は、散歩道などにたくさん生えていた七草も、今ではあまり見かける事がなくなりました。それでも、野原などへ行くと、七草のいくつかを見ることができます。実際に子どもたちと一緒に、春の七草を見つけにいくといいですね。

ななちゃんの目から、涙がぽろん。
――びゅー
風も出てきました。
そのときです。
「あったー！」
すべり台の陰に、ひっそり生えているではありませんか。
ななちゃんは、葉っぱのやわらかいところを摘みました。

ななちゃんは、おばあちゃんと、
七種類の若菜を入れた七草粥を作りました。
せり、なずな、ごぎょう、はこべら、ほとけのざ、
すずな、すずしろが、きれいな緑色をしています。
――ことこと　ことこと
ふくふく煮えた七草粥ができあがりました。
「まあ、ありがとう。
ななとおばあちゃんが作ってくれた七草粥を食べたら、
ママの風邪《かぜ》なんか、ふっとんじゃうわ」
ママは、にこにこいいました。
「わー、よかったあ」
ななちゃんは、ママの風邪が早く治るといいなあと思っています。
みんなで、できたてのお粥を、ふーふーしながら食べました。
ママのおなかも、ななちゃんのおなかもほかほかです。

絵／うつみのりこ

成人の日

新一お兄ちゃんのスーツ姿

――ピンポーン！

玄関のチャイムが鳴りました。

「はーい」

ママは、うれしそうに出ていきました。

「待ってたわよ、新一。馬子《まご》にも衣装ねえ……。

成人おめでとう」

ママの一番下の弟、新一お兄ちゃんがやってきたのです。

「ど、どうしたの、そのかっこう……」

やまとくんは、お兄ちゃんの
ビシッと決まったスーツ姿にびっくり。

大学生の新一お兄ちゃんは、やまとくんちに遊びにくるとき、
たいていTシャツにジーパンなのです。

でも、きょうは、全然違いました。

「どうだ、やまと。兄ちゃん、かっこいいか？」

新一お兄ちゃんは、そういいながら、
恥ずかしそうに、ぽりぽりと頭をかきました。

「うん！　お兄ちゃん、すっごくかっこいいよ」

絵／ゆーちみえこ

そういいながら、やまとくんも、
どきどき。ちょっと緊張しています。
「よく来たね。さあ、みんなで新一くんの成人のお祝い会だ。
おめでとう、新一くん」
パパもうれしそうにいいました。
「かんぱーい！」
パパとママと新一お兄ちゃんは、ビールのグラスをカチーン！
やまとくんは、オレンジジュースで乾杯です。
「おれ、おかげさまで、成人の日を迎えることができました。
勉強して、努力して、やまとのパパやママのような、
優しいりっぱな大人になりたいと思います」
新一お兄ちゃんのあいさつを聞いた、
ママの目から、ほろほろと涙がこぼれました。
「新一ったら……。田舎《いなか》の父さんや母さんにも見せてあげたいわね」
「成人って、なんさい？」
やまとくんが聞いたので、みんなは、くすくす笑いました。
「成人って、二十歳のことだよ」
と、パパ。
「二十さい？　二十さいって、よくわかんないなあ。
ぼくは、五さいでしょ。六、七、八、九、十……。もっと？」
やまとくんは、くりっと首をかしげます。
成人を迎えるってすごいことだなあと、
やまとくんは思っています。

どうして？なるほど！
この行事の由来

20歳になったら、責任のある大人の仲間入り

1948年に「大人になったことを自覚し、自ら生き抜こうとする青年を祝い励ます」ための日として、成人の日が制定されました。現在は、ハッピーマンデー法に基づいて1月の第2月曜日に改正されていますが、10年ほど前までは、1月15日が成人の日でした。

昔、1月15日ごろは小正月といい、この日に、元服《げんぷく》の式が行われていました。元服とは、男子が冠をかぶり、正装をして成人になったことを示します。このときに、名前も幼名から成人の新しい名前に変えていました。一方、女子は髪を結い上げ、歯を黒くするなどをして、大人の女性の仲間入りをしました。

成人の日には、新成人となった男女が正装に身を包んで成人式に出席しますね。これは、元服の時の装いの名残でもあります。成人の日が祝日になっているのは世界でも珍しく、日本独特のものといわれています。子どもから一人前の大人として認められることが、それだけ重要だった、ということでしょう。

2月 3日ごろ 節分

にこにこ園の、鬼は外！

「みんなは、どんな鬼を知ってるかな？」

やぎのメイコ先生が聞きました。

にこにこ園のみんなは、口々にいいました。

「赤鬼」

「青鬼」

「こわい鬼」

「いじわる鬼」

「泣き虫鬼」

うさぎちゃんは、ママに読んでもらった絵本の鬼を思いだしました。

その鬼は、とても優しい鬼でした。

「お友だちを助けたいい鬼もいるよ」

すると、メイコ先生は、にっこり笑っていいました。

「そうね。優しい鬼もいるわね。いろんな鬼がいるのね。

それじゃ、みんなで鬼のお面を作りましょう」

古い紙袋、毛糸、モール、シール、絵の具、のり、布、新聞紙、セロハンテープなどを使って、みんなは、鬼のお面を作りました。

角が生えた赤鬼や、髪の毛がもしゃもしゃの青鬼や、

どうして？なるほど！ この行事の由来

季節の分かれ目に、1年の無病息災を祈る日

節分とは、そもそも1年に4回ある季節の分かれ目を意味しています。季節のはじまりを示す立春、立夏、立秋、立冬の前日は、いずれも節分と呼ばれていました。

立春の前の節分が、現代でも行事として大切にされているのは、旧暦では立春が新しい年のはじまりと考えられていたからです。つまり、その前日にあたる春の節分は年の最後の日、今でいう大晦日ということになり、1年を締めくくる大切な日とされていました。

節分の行事のひとつに、豆まきがありますね。これは中国から伝わった習わしです。豆のもつ霊力が邪気を追い払うと考えられていました。

悪霊や災難を鬼にたとえて、「鬼は外、福は内」と叫びながら豆をまくことで、家から悪霊や災難を追い払うのが一般的です。炒った大豆を年齢の数プラスひとつ食べて、1年間、病気・災難がないように願ったり、鬼が嫌うヒイラギの枝にイワシの頭を刺したものを戸口に立てて、邪気を家に入れないようにする、といった風習もあります。

にこにこ笑ったむらさき鬼や、大きな牙のおそろしい鬼もいます。

うさぎちゃんの鬼は、丸顔の赤鬼です。

絵本の鬼を思いだして描いたのです。

お面ができあがると、みんなで、鬼ごっこをして遊びました。

次の日、うさぎちゃんが登園すると、
ホールに、段ボールで作られた大きな大きな鬼がいました。

「みんなの中に、泣き虫鬼はいないかな」

メイコ先生が声を上げました。

「いないぞー」

「いないよー」

さるくんも、ねこちゃんも、段ボール鬼に豆をぶつけます。

「みんなの中にいじわる鬼はいないかな」

「いないよー」

と、きつねくん。

「みんなの中にわがまま鬼はいないかな」

「いないよー」

うさぎちゃんも、段ボール鬼に豆をぶつけます。

「鬼は外！　福は内！」

メイコ先生も、鬼に豆をぶつけます。

みんなも一緒にぶつけます。

「鬼は外！　福は内！」

にこにこ園のホールに、元気な声が響きます。

絵／なかむらようこ

2月11日 建国記念の日

ドーナツ国ができたよ

ゾウとカバは、けんかばかりしています。

ドーナツ池にやってきたゾウ親子に、カバがいいました。

「おい、ここは、おれのドーナツ池だぞ！」

ゾウも負けずにいいました。

「なにを！　おれさまのドーナツ池で勝手に泳ぎやがって。出ていけ、カバ！」

ほらね、けんかが始まったでしょ。

カバとフラミンゴも、けんかばかりしています。

ドーナツ池でえさをついばんでいたフラミンゴ親子に、カバがいいました。

「やい、こら、フラミンゴ。勝手に食うな」

フラミンゴも負けずにいいました。

「カバ、きらい。あんたこそ、あたしのドーナツ池でどろんこ遊び、やめんかい！」

ほらね、始まったでしょ。

フラミンゴとモモイロペリカンも、けんかばかりしています。

「モモイロペリカン、しっし！　あっちに行かんかい！」

モモイロペリカンも負けずにいいかえします。

「まあ、いやあねー、フラミンゴって。なんていじわるなんでしょ。ゾウ、そう思いませんこと？」

どうして？なるほど！この行事の由来

日本の歴史を知り、愛国心を養う日

建国記念の日は「建国をしのび、国を愛する心を養う日」です。

この日は以前、四大節の一つの「紀元節」と呼ばれ、初代天皇の神武天皇が即位し、日本が建国された祝いの日とされていました。昔のカレンダーでは1月1日、今のカレンダーで2月11日にあたります。

ところが、第二次世界大戦終了後、アメリカのGHQが、国民が天皇を讃えることを恐れ、紀元節を廃止させました。これに反発した国民が多く、紀元節を復活させたいという声が高まり、1966年2月11日に、あらためて国民の祝日として、建国記念の日が制定されたのです。

記念日の名称が、「建国記念日」ではなく、「建国記念の日」に「の」が入るのは、国家ができた日とは関係なく、「国家ができたことを記念する日」とされているからです。

この日に、日本がはじまったときのことや日本の将来について考えたりしてみると、日本への愛着もわいてくると思います。

するとゾウがいいました。

「ここは、おれのドーナツ池だ。フラミンゴも
モモイロペリカンもカバも出ていけ！　みんな出ていけ！」

どたんばたんの大げんかが始まりました。

ドーナツ池は、たいへんな騒ぎです。

それを見ていた子ゾウ、

「みんなでなかよくすればいいのにな」

ぽつりといいました。

「ドーナツ池をなかよく使えばいいのにね」

子カバもいいました。

「ぼくもそう思うよ」

子フラミンゴもいいました。

「あたしもそう思う」

子モモイロペリカンもいいました。

それを聞いた大人たちは、ちょっと恥ずかしくなったのでしょう。
けんかが、ぱたりとやんだのです。

――しーん

ドーナツ池は静かになりました。

「ドーナツ池を順番で使おうよ。ドーナツ池をまとめてくれる
リーダーを決めようよ。いろんな約束ごとを決めようよ」

子ゾウの提案に、大人も子どもも大賛成。

長い話し合いが続きます。

こうして、『ドーナツ国』ができあがりました。

ドーナツ国ができたことを記念して、
その日を建国記念の日としました。

絵／くすはら順子

バレンタインデー

あいかちゃんのひみつ

ソファで、あいかちゃんが絵本を読んでいると、
三年生のお姉ちゃんが学校から帰ってきていいました。

「ママ！　わたし、バレンタインチョコを作るから手伝って」

「バレンタインチョコ？　作ってどうするの？」

と、ママ。

「なんでもいいでしょ。作りたいから作るんだよ」

お姉ちゃんは、ぶっきらぼうに答えます。

「お姉ちゃん、あいかが手伝ってあげる！」

あいかちゃんは、絵本を閉じてキッチンにダッシュ！

「いいよ、あいかは。邪魔《じゃま》になるだけ。あっちに行ってて」

「お姉ちゃんたら……」

あいかちゃん、ぷんぷん。

でも、そんなことでめげるあいかちゃんではありません。

知らないふりして、キッチンをのぞきます。

お姉ちゃんとママは、お鍋にチョコを入れたり、かきまわしたり……。

なんだかとても楽しそうです。

「ママとお姉ちゃんだけずるい」


どうして？ なるほど！

この行事の由来

大切な人たちに愛を与えるハートフルなイベント

日本では、バレンタインデーといえば、女性から男性にチョコレートを贈り、愛の告白をするイベントになっています。しかし、これは日本だけのお話です。ヨーロッパやアメリカなどでは、「愛を与える日」として男女を問わずに、恋人や家族、友だちにプレゼントをします。

バレンタインデーの由来は、紀元3世紀にさかのぼります。当時のローマは、戦争に遠征する兵士たちの結婚を禁止していましたが、隠れて結婚式を行う者たちもいました。この式の手助けをしていたのが、バレンティヌスというキリスト教の司祭でした。やがてこの事がローマ皇帝にばれて、バレンティヌスは2月14日に処刑されてしまいます。結婚を禁じられた兵士たちを気の毒に思い手助けした、心優しいバレンティヌス。彼をたたえ、この日はバレンタインデーとして「愛を与える日」となりました。

また、バレンタインデーのお返しであるホワイトデーは、日本オリジナルのイベントです。

しばらくして、またキッチンに行った
あいかちゃんの目に飛びこんできたのは！

　ハート型の大きなチョコレート。

「お姉ちゃんに、好きな男の子ができたみたいよ」

　ママが、そっと教えてくれました。

「あいかも、かえでくんのこと好きだから、
ハートのチョコ作りたい！」

　そういうあいかちゃんに、ママはいいました。

「それもいいけど、お手紙を書いたらどうかしら」

「お手紙？」

「好きなお友だちや、
田舎《いなか》のおじいちゃんやおばあちゃんにもいいんじゃない。

きっと喜んでくれるわよ」

　あいかちゃんは、画用紙に、かえでくんの絵を描きました。

大きなハートマークも描きました。

きれいに折って、封筒に入れました。

　それから、おじいちゃんとおばあちゃんの絵も描いて、
別の封筒に入れました。

「あ、そうだ！」

　あいかちゃんは、きらっとひらめきました。

「ママとお姉ちゃんと、パパと……」

みんなに内緒《ないしょ》で、一人ひとりに手紙を書いているあいかちゃんです。

絵／うつみのりこ

2月
15日

涅《ね》槃《はん》会《え》

優しいお顔のお釈《しゃ》迦《か》さま

園のホールには、
大きな大きな涅槃図《ねはんず》が貼られています。

しおりちゃんとかんなちゃんは、
一緒に涅槃図を見あげていました。

「真ん中の人が、お釈迦さまなんだって」

かんなちゃんがいうと、しおりちゃんは、

「ふーん。周りにいる人、みんな泣いてるね。

動物も悲しそうにしてるし。ほら、うさぎも泣いてるよ」

と、指をさしていいました。

目を閉じ、横たわったお釈迦さまのまわりを、
たくさんのお弟子さんや、動物や鳥、虫たちが、
ぐるりと取り囲み、嘆《なげ》き悲しんでいるようです。

「なんで、泣いてるのかな？　かんなちゃん、知ってる？」

しおりちゃんが聞くと、かんなちゃんはいいました。

「お釈迦さまが死んじゃったんだって……」

「ええっ？　死んじゃったの？　かわいそう……」

しおりちゃんは、家で飼っていた文鳥のトットを思いだしました。

絵／ゆーちみえこ

ある日突然、死んでしまったのです。

動かなくなったトットを、ママと一緒に庭にうめてあげました。

トットとなかよしのチッチも、
しばらくの間、さみしそうにしていました。

死んじゃうって、とても悲しくてつらいことだと、
そのとき思ったのです。

涅槃図のところに、
ゆうとくんとまさるくんもやってきました。

しおりちゃんは、お釈迦さまのお顔を見て、
ふと、あることに気がつきました。

「でもさ、お釈迦さまは、悲しそうじゃないね。どうしてかな？」

「ほんとだ！　どうしてだろう？」

かんなちゃんも、首をかしげていいました。

「優しい顔をしてるよね」

「安心してるみたいだな」

と、ゆうとくんとまさるくん。

「園長先生に聞いてみよっか？」

しおりちゃんがいうと、みんな賛成です。

「園長先生！」

しおりちゃんとかんなちゃんは、手をつないでかけだしました。

「まてよ！　おれたちも行く」

ゆうとくんとまさるくんも、手をつないでかけだします。

どうして？なるほど！　この行事の由来

お釈迦さまが亡くなり、涅槃《ねはん》に入られた日

2月15日は、「人が救われる道＝仏教」を説いたお釈迦さまが亡くなった日です。

長い年月、旅をしてきたお釈迦さまは、身体の衰えに勝てず、沙羅双樹《さらそうじゅ》の下でお亡くなりになりました。このことを仏教用語では、「涅槃に入られた」といいます。

涅槃とは、仏教の言葉で、「すべての煩悩《ぼんのう》（人々の苦悩や迷い）を取り消し、悟りを開く」などを意味します。この日は、お釈迦さまをしのぶ日として、各地のお寺などで涅槃図をかけてお経をあげるようになりました。

涅槃図には、頭を北にして顔を西に向けて床に寝ているお釈迦さまの周りで、お弟子さんや動物たちがとても悲しんでいる様子が描かれています。

お釈迦さまの死は、多くの人たちを悲しませましたが、その尊い教えは、インドから中国、日本へと広められてきました。

3月 3日

ひなまつり

ももかちゃんのおひなまつり

ももかちゃんは、朝、目を覚ますと、真っ先に行くところがあります。
ほら、今朝も……。
七段飾りが飾ってある部屋にかけこみます。
「おはよう、おひなさま！」
ももかちゃんは、おひなさまの顔を見つめて、にんまり。
美しいお顔を見ながら、しばらく、にまにました後は、
七段飾りの隅《すみ》から隅までチェックします。
たとえば、おひなさまの冠《かんむり》がずれていないか。扇《おうぎ》が落ちていないか。
おだいりさまはちゃんと杓《しゃく》を持っているか。
三人官女《さんにんかんじょ》は順番に並んでいるか。
五人《ごにん》ばやしの笛や太鼓は落ちていないか。
ひしもちやお道具類には、ほこりがついていないか、などです。
「うん、だいじょうぶ。桃の花もちゃんと咲いてるし！」
お花屋さんで買ってもらった桃の花が、甘くていい匂いです。
「うふふ……きょうは、待ちに待ったおひなまつり！」
ももかちゃんちでは、園の友だちを呼んで、
女の子のお節句《せっく》、ひなまつりをするのです。

どうして？なるほど！この行事の由来

日本の風習と中国の行事が合わさった女の子のお祭り

「ひなまつり」は、ひな人形や桃の花を飾って女の子の健康と成長を願うお祭りで「桃の節句」ともいいます。お内裏《だいり》さまやおひなさまなど、きれいな装飾で飾られた美しいひな人形は、いつの時代も女の子のあこがれですね。

このひな人形は、もともと人の形をまねて紙などで作った「人形《ひとがた》」といわれるものが原型になっています。昔は、田植えのころに神さまを迎えるため、この人形にけがれを移して川や海に流し、厄をはらうという儀式が行われていました。人形が私たちの身代わりになって悪いものを引き受けてくれるというわけです。いまも一部の地方では「流しびな」として残っています。

一方、中国では古くから「上巳《じょうし》の節句」という行事があり、3月最初の巳の日に、桃の花のお酒を飲んで身を清め、悪いものをはらったそうです。これが日本の宮中で行われていた「ひいな遊び」という人形遊びや「ひとがた」の信仰と合わさり、ひなまつりになったといわれています。桃の花を飾る風習も、中国の由来からきているのかもしれませんね。

「まだかなあ？　みんな、おそいなあ」

着物を着せてもらったももかちゃんは、
玄関とリビングの間を、行ったり来たりしています。

もう約束の時間だというのに、だーれも来ないのです。

「どうしたのかな？　忘れちゃったのかな？」

ももかちゃんはどきどきしています。

「来るっていったのに……。忘れちゃったんだ、きっと……」

ももかちゃんの目から、ぽろり、涙が落っこちたそのとき。

――ピンポーン
玄関のチャイムが鳴りました。

「わー、みんな！」

「おそくなってごめんね」

友だちは口々にいいました。

「来てくれて、ありがとう」

「これ、プレゼントだよ」

みんなが差しだした花束やぬいぐるみ、絵本などを、
ももかちゃんは受けとって、にこにこ。

みんなでケーキを食べたり、一緒におひなさまの歌を歌ったり、
ゲームをしたりして、楽しく遊びました。

ももかちゃんのママが、おひなさまの絵本を、
ももかちゃんのおばあちゃんが、
おひなさまの紙芝居をやってくれました。

きょうはいい日だなあと、ももかちゃんは思っています。

絵／うつみのりこ

3月 3日 耳の日

ミミちゃんの耳あか

うさぎのミミちゃんは、ママと耳のお医者さんに行きました。

「先生、このごろうちのミミったら、返事をちゃんとしないんです。ミミって呼んでも、知らんぷり。もしかしたら、耳の病気ではないでしょうか？」

ミミちゃんのママは、心配そうに先生に聞きました。

「ほう、どれどれ？」

やぎ先生は、ミミちゃんの耳をのぞいて、

「おお、耳あかがどっさりですぞ」

そういって、ミミちゃんの耳の中から、耳あかを取ってくれました。

「まあ！　ミミが赤ちゃんのときから、綿棒でちゃんと耳の掃除をしてるのに」

ママは、びっくり。

「こういうことは、よくあるのです」

やぎ先生は、にこっと笑っていいました。

「耳あかを取ろうとして、中にどんどん押しこんでしまったのじゃな。耳あかで耳がふさがったものだから、うまく聞こえなかったんじゃ。ミミちゃん、どうだい、聞こえるかい？」

絵／なかむらようこ

「はい、先生！」

ミミちゃんは、元気に返事しました。

帰り道、ママがいいました。

「ミミちゃん、ごめんね。ママのせいで、ちゃんとお返事ができなかったのね」

すると、ミミちゃんは、ママをふりかえっていいました。

「だいじょうぶだよ、ママ。でもさ、ママって、おっちょこちょいだよね」

「ほんとね」

「あ、遠くでスズメが！」

ミミちゃんは、耳を澄ませます。

――ちゅんちゅん　ちちち……

スズメが鳴いています。

「葉っぱが鳴ってるよ。風が吹いてるよ」

――かさこそ　かささ……

葉っぱのこすれる音がします。

――ひゅーひゅー　ぴゅー……

風の音が聞こえます。

耳が聞こえるって、すてきなことだなあと、ミミちゃんは思っています。

そして、耳の聞こえない人は、どんなにたいへんだろうなあとも思っています。

ママは、きょうの出来事を、お友だちのママたちに教えてあげようと思っています。

ミミのような耳あかのたまっている子どもが、一人でもいなくなればいいなと思ったのです。

どうして？　なるほど！

この行事の由来

大切な体の器官の一つ　耳のことをよく知ろう

3月3日は、「3」が耳の形に似ていることや「ミミ」という語呂合わせから、「耳の日」とされています。

そのほかにも、耳と目が不自由だったヘレンケラーが、サリバン先生にレッスンをはじめてもらった日といわれたり、電話の発明家であるグラハム・ベルの誕生日ともいわれたり、耳にちなんだいわれが伝わっています。

この日は、もともと耳の病気に関する知識や健康管理への意識向上を目的とし、日本耳鼻咽喉科学会によって1956年に定められたものです。

耳は、音の種類や強弱、方向を聞き分けるだけではなく、体の平行やバランスを保つという重要な役割ももっています。片足で立ったり、まっすぐに走ったりすることができるのも、じつは耳のおかげです。このように耳は、人が生きていく中でとても大切な器官といえます。

普段、あまり意識しない耳の働きや大切さを、子どもたちと一緒に話すのもいいですね。

3月
21日ごろ
春分の日

はるかちゃんのつくしんぼ

きょうは、ぽかぽかといいお天気です。

はるかちゃんは、電車に乗って、お墓に行きました。

郊外の駅で電車を降りて、なだらかな坂道を歩きます。

畑には、菜の花が黄色い花を咲かせています。

ピンク色のレンゲ草も咲いています。

「まあ、きれいねえ」

お母さんが、うれしそうにいいました。

「つくしんぼ、みっけ！」

はるかちゃんは、土手にぴょこんと生えていたつくしんぼを摘んでいいました。

「ありんこがいる！」

つくしんぼのさきっちょに、ありが一匹。

「春だね。きょうは春分の日といって、昼と夜の時間が同じなんだ。あしたから、だんだん夜の時間が短くなっていくんだよ」

と、お父さん。

「それなら、秋分の日と反対だね」

「覚えていたのかい？」

「うん。秋分の日って、だんだんお昼の時間が短くなっていくんでしょ。

絵／ゆーちみえこ

前にお父さんに聞いたもんね」

と、はるかちゃん。

「春になって暖かくなって、虫たちも出てきたみたいだ。ほら、あそこ」

お父さんは、そういって指をさしました。

ハルジオンの花に、モンシロチョウが止まっています。

「耳を澄ましてみましょうよ」

お母さんの言葉に、はるかちゃんは、静かに耳を澄ましました。

――きょ……ほーきょ
ずっと遠くで、鳥が鳴いています。

「うぐいすだな……」

お父さんが教えてくれました。

「子どものうぐいすだから、まだじょうずに鳴けないんだろう。練習中のうぐいすだ」

はるかちゃんは、くすっと笑いました。

うぐいすの子どももさえずりの練習をするなんて、とても可愛らしく思えたのです。


しばらく歩くと、お墓に到着です。

みんなで、お墓をきれいに掃除して、お水とお供《そな》え物を上げました。

おかあさんが活けたお花のとなりに、はるかちゃんは、さっき摘んだつくしんぼを活けてあげました。

――おじいちゃん、おばあちゃん、はるかは元気でがんばってるよ。いつも見ていてくれてありがとう。

はるかちゃんは、心の中でいいました。

どうして？なるほど！この行事の由来

自然をたたえ生き物を慈《いつく》しみ、春を喜ぶ

秋の「秋分の日」に対して、春にあるのが「春分の日」。どちらも1日のうちの太陽が昇ってから落ちるまでの昼と夜の時間が同じになる日ですが、春分の日は、冬から春への季節の変わり目であることから、「自然をたたえ、生物をいつくしむ日」という意味が込められています。

仏教では、この春分の日をまん中にした前後3日間を「お彼岸」といいます。先祖の霊をまつって成仏を願う日といわれており、いまでもお墓参りなどをする習慣が残っていますね。

お彼岸といえば、「ぼたもち」と「おはぎ」を食べますが、この2つは、どこが違うのでしょうか？

じつは基本的には同じ食べ物で、ただ季節によって呼び名が異なるだけなのです。

春のお彼岸のころには、牡丹の花が咲くので「ぼたもち」、秋のお彼岸のころは萩が咲くので「おはぎ」と呼びます。お彼岸にこれを食べるのは、小豆の赤色が邪気をはらうと言われているからです。

3月 末ごろ

卒園式
ポポちゃん、おめでとう！

きょうは、くまのこ園の卒園式。
ちゃんとお返事できるかな？
ポポちゃんの胸は、さっきからどきどきしています。
「ポポちゃん！」
担任のくま先生の声に、ポポちゃんは、
「はい！」と、元気に返事して立ちあがりました。
年中さんや年少さん、先生たちや、パパやママたちが見ている中を、
ポポちゃんはステージに向かって歩きだしました。
――とことことことこ
なんともいえない、晴れがましい気持ちです。
ポポちゃんは、胸を張って、ゆっくり歩きました。
そして、園長先生の前で立ち止まると、ぺこっとおじぎをしました。
「おめでとう」
園長先生がにっこり笑って、修了証書を差しだします。
しっかりと両手で受けとったポポちゃんは、
また胸を張ると、自分の席に向かって歩きだしました。
卒園して、小学校に入学するんだわ。

どうして？なるほど！ この行事の由来

園生活が修了したことをお祝いする式典

数年間の初めての集団生活で、心身共に成長した子どもたちを送り出す祝いの式典が「卒園式」です。主役は、卒園する園児たち。先生や父母らが見守る中、子どもたちは誇らしげに卒園していきます。

園によってさまざまな卒園式が行われますが、以前は来賓の長い祝辞など、小学校の卒業式のような大人向きの卒園式がほとんどでした。でも最近では、子どもたちが好きな歌を選曲したり、子どもたちのために先生が劇をしたりなど、子どもも保護者も先生も楽しめて、記念になる卒園式を計画する園が増えています。

仲のよかったお友だちや、大好きな先生とのお別れは、子どもたちにとって初めての経験です。先生にとっても切ないお別れの日になりますが、子どもたちの成長を喜び、小学生へと旅立つ新しい門出を、笑顔で見送ってやりたいものですね。

ポポちゃんは、うれしくてなりません。
四月には、待ちに待った小学生です。

ポポお姉ちゃん、かっこいいなあ。
そう思っているのは、弟のプーくんです。
プーくんは、くまのこ園の年少さん。
ステージに向かうポポお姉ちゃんのりりしい姿に、
プーくんは、ふだんと違うお姉ちゃんの姿を感じていました。
ポポお姉ちゃん、小学生になっちゃうんだ。
もう、ぼくと一緒に通えないんだ。
ちょっとさみしい気持ちです。
プーくんは、伸びあがり、
保育者席にパパやママの姿を探しました。
あっ！
ママが、ハンカチで目を押さえています。
にこにこ笑いながら、涙をふいていました。
となりのパパも、とてもうれしそう。
プーくんが目をもどすと、ポポお姉ちゃんは胸を張って、
席にもどってくるところでした。
ポポお姉ちゃん、卒園おめでとう！
ぼく、ちょっとさみしいけどがんばるよ。
プーくんは、そうつぶやきました。

卒園式が終わり、花のアーチの中を卒園生たちが、
みんなに見送られて歩いていきます。

絵／なかむらようこ

3月22日〜4月27日ごろ

イースター（復活祭）

春子おばちゃんちのエッグハント

さくらちゃんとあゆむくんの姉弟は、いとこの家に遊びにきています。

春子おばちゃんがいいました。

「さあ、みんなで探すのよ。庭にイースターエッグがたくさん隠れてるからね」

「わーい！」

カゴを片手に、いとこのかなでちゃんも、こうくんも、庭に向かってかけだしました。

春子おばちゃんちでは、毎年、エッグハントをして遊びます。

さくらちゃんは、エッグハントが大好き。春のこの日が楽しみでなりません。

「あったよ！」

弟のあゆむくんは、パンジーの鉢植えで、チョコレートの卵を見つけて大喜びです。

「わたしもみっけ！」

さくらちゃんは、庭の芝生の間に、オレンジ色したプラスチックの卵を見つけました。

絵／長谷川知子

中に、小さなお菓子がぎっしり詰まっています。

おいしそう！

「みっけ！」

「みつけた！」

かなでちゃんはヒナギクの後ろに、こうくんはクロッカスの花の陰に、イースターエッグを発見。

「まだまだあるわよ」

春子おばちゃんは、うれしそうにいいました。

「あった！」

「ここにも！」

庭のあちこちで、色とりどりの卵が見つかります。

そのうち、みんなのカゴは、きれいに色づけされたゆで卵や、きらきらした紙で包まれた卵形のチョコレートなどで、山のようになりました。

「さあ、みんな。キリストの復活と、春がやってきたことをお祝いしましょう」

春子おばちゃんはそういって、たくさんのおいしそうなお料理を庭に運びました。

みんなもお手伝いして、テーブルに並べていきます。

「おいしいね」

「たのしいね」

ぽかぽか日ざしの中、お料理をおなかいっぱい食べました。

ミツバチやモンシロチョウも飛んでいます。

スイートピー、チューリップ、キンギョソウなどの春の花が暖かい風に揺れています。

どうして？なるほど！この行事の由来

イエス・キリストがよみがえった奇跡の日

イースター（復活祭）は、キリスト教にとって、クリスマスと並ぶとても大切なイベントです。

十字架にかけられたイエス・キリストが、死後3日目に弟子たちの前に姿を現したという奇跡が起きた日で、キリスト教徒のあいだでは、毎年、盛大なお祭りが行われます。

イースターの名はサクソ族の春の女神「イーアスター」に由来しているといわれ、春の訪れの喜びを皆で分ち合う日でもあります。

この日にちは、キリスト教の公会議で「春分の後にくる最初の満月の次の日曜日」と決められているため、毎年異なる日に行われます。

このイベントの象徴になっているのが、卵。卵は、復活や新しい生命の誕生、春の訪れのシンボルとして、イースターに欠かせないものとなりました。「イースターエッグ」という、殻に色づけをしたゆで卵や、卵形のチョコレートを贈り合ったり、部屋の中にイースターエッグを隠して探し当てたり（エッグハント）、卵をスプーンにのせて走る（エッグレース）など、さまざまな遊びが恒例となっています。

いろいろな記念日 春

5月4日 みどりの日

自然に親しみ、感謝しながら豊かな心を育む日。ほかに昭和の日（4/29）、憲法記念日（5/3）、こどもの日（5/5）を総称してゴールデンウィークと呼んでいます。

5月9日 アイスクリームの日

「明治時代に町田房蔵がはじめてアイスクリーム『あいすくりん』という名で製造・販売したことを記念する日」として日本アイスクリーム協会が、1965年から実施。

5月30日 ごみゼロの日

空き缶やタバコを拾い集め、環境美化に努める日です。1982年に「ご（5）み（3）、ゼロ（0）」という語呂合わせから関東地方知事会でこの日に決まりました。

3月11日 パンダの日

1896年に西洋人である神父ダヴィッドが、中国の原住民が持っていた白黒模様のパンダの毛皮を初めて見て、パンダの存在を知った日です。この日がパンダの日となりました。

3月14日 ホワイトデー

バレンタインデーにプレゼントをもらった人がお返しをする、という日本人が作った行事。白は「清らかでさわやかな愛」をイメージしています。

5月2日ごろ 八十八夜《はちじゅうはちや》

立春から88日目のことを八十八夜といい、農作業では大切な日となります。苗代の籾蒔《もみま》きや茶摘みをはじめる目安になる日です。

夏 いろいろな記念日

7月 9〜10日 ほおずき市《いち》

ほおずき市は東京浅草寺で行われる夏の風物詩です。また、四万六千日《しまんろくせんにち》の縁日でもあり、9日か10日の参拝で46000日参拝したのと同じご利益があるそうです。

6月 1日 更衣《ころもがえ》

平安時代の宮中行事の一つだった、季節の変わり目に衣服を替える慣習です。現在では制服のある学校や会社で、6月1日に冬服から夏服に、10月1日に夏服から冬服に替えています。

7月25日〜8月25日ごろ 花火大会

花火はもともと、のろしから来ているといわれています。のろしから花火になったのは江戸時代ごろで、日本ではじめて花火を見たのは、徳川家康という節があります。

6月 11日ごろ 入梅《にゅうばい》

夏至の約10日前ごろ、梅の実が熟すころに続く雨なので「梅雨《つゆ》」、梅雨に入ることを「入梅」といいます。作物が育つための恵みの雨でもあるので、雨に感謝する心を育てましょう。

8月 6、9日 広島平和記念日 長崎原爆忌

第二次世界大戦中の1945年8月6日に広島市に、9日長崎市に、アメリカ軍により原子爆弾が投下されました。両市では平和を願う式典が毎年行われています。

7月 1日 山・海・川開き

山開きは、その年はじめて登山ができる日のこと。海開きや川開きは、同様に海水浴や遊泳が解禁になる日のことです。沖縄などでは、春分の日の前後に海開きが行われます。

いろいろな記念日 秋

11月 1、13、25日 亥《い》の子の祝い

いのしし（亥）は、子を多く産むことから「多産の神さま」といわれています。子孫繁栄と無病息災を祈り、亥の刻に“亥の子もち”を食べる行事です。地域によって日にちが異なります。

9月 12日 宇宙の日

毛利衛さんがスペースシャトルで初めて宇宙に出発した記念日です。毎年、この日には宇宙イベント「宇宙ふれあいフェスティバル」などが開催されています。

11月 第3日曜日 家族の日

家族や地域の絆を強める日として2007年に制定されました。子どもたちの健やかな成長を願って、家族みんなでそれぞれの気持ちを語り合う日です。

10月 1～31日ごろ 紅葉狩《もみじが》り

四季の移り変わりを楽しむ日本ならではの行事です。山を散策したり、食事をしながら、山の紅葉を見て楽しみます。もとは貴族の遊びでしたが、江戸時代ごろから庶民にも広まりました。

10月1日～12月31日 赤い羽根共同募金

日本では、戦後に、国民助け合い共同募金運動が広まりました。集められた募金は、不幸な人たちや、社会を明るくする運動をしている団体に配分されます。

10月27日～11月9日 読書週間

文化の日を中心とした２週間が読書週間です。読書感想文のコンクールや読み聞かせ会、読書世論調査など、さまざまなイベントが全国で催されています。

冬 いろいろな記念日

1月11日 鏡開き

家族の円満や繁栄を願い、お供《そな》えしていた鏡もちを食べる行事です。鏡もちは、刃物で切るのは縁起の悪い表現とされ、木槌《こづち》などでたたいて開くといいます。

12月8日 事納め《ことおさ》

1年のしめくくりとして、この日に農作業を終えることから「事納め」や「事八日」といいます。また、折れた針を供養する「針供養の日」でもあります。

1月15日ごろ 小正月《こしょうがつ》

この日は元日からの正月＝「大正月《おおしょうがつ》」に忙しく働いた主婦をいたわる日として、小豆粥《あずきがゆ》を食べたりする風習があります。別名で、「女正月《おんなしょうがつ》」ともいいます。

12月10日 ノーベル賞授与式

ダイナマイトを発明したスウェーデンの化学者ノーベルの意志を受け継ぎ、彼の命日に、ストックホルム（平和賞だけノルウェーのオスロ）で毎年、人類に貢献した人に賞が贈られています。

2月6日ごろ 初午《はつうま》

旧暦で2月最初の午の日に、もともとは稲荷神社で豊作を祈っていました。その後、商売繁盛や家内安全を祈り、全国各地で「初午祭り」が催されるようになりました。

12月22日ごろ 冬至《とうじ》

北半球では1年で夜がいちばん長い日です。寒さもいっそう強くなるので、かぜをひかないように柚子《ゆず》湯に入ったり、カボチャを食べたりします。

文　深山さくら（みやま　さくら）

山形県上山市生まれ、東京都在住の童話・児童文学作家。（社）日本児童文芸家協会会員。

2003年「おまけのオバケはおっチョコちょい」（旺文社）でデビュー。絵本や童話、翻訳など数多くの児童書を手がけ、毎日童話新人賞優良賞など入選作多数。2008年には「かえるのじいさまとあめんぼおはな」（教育画劇）で第19回ひろすけ童話賞を受賞する。主な絵本に「エマといっしょにシリーズ①②③④」（ジュリアン）、保育絵本に「やまおやじぷんぷん」（世界文化社ワンダーブック）「ぼくのだっしゅつだいさくせん」（チャイルドブック・ゴールド）「すずめのおべんとうやさん」（キンダーブック）、写真絵本に「アシナガバチの親子」「ザリガニの親子」（旺文社）がある。

HP http://miyamasakurasaku.com

行事の由来監修者　谷田貝公昭（やたがい　まさあき）

世の親に警鐘を鳴らす教育学者。

1943年栃木県生まれ。90年目白学園女子短期大学教授。94年から目白大学教授となり、現在、目白大学大学院／目白大学／目白大学短期大学部 子ども学科 教授・学科長。保育学、教育学専攻。著作・監修書に「イラスト版 子どもの伝統行事」（合同出版）、「保育用語辞典」（一藝社）、他多数。

表紙・扉・本文デザイン　大塚さやか　niko works
表紙・本文イラスト　うつみのりこ　くすはら順子　なかむらようこ　長谷川知子　ゆーちみえこ
編集担当　石山哲郎　鶴見達也
編集協力　niko works

参考文献　「みんなが知りたい！『四季の行事』がわかる本」ニコワークス著（メイツ出版）
「子どもに教える　今日はどんな日？　年中行事がよくわかる本」高橋 司著（PHP 研究所）
「和の暮らしが楽しい！ おうち歳時記」中西利恵監修（成美堂出版）
「日本の年間行事 11 月・12 月」深光富士男　竹内 誠著（学研）
「年間行事なるほど BOOK」高橋 司　塩野マリ著（ひかりのくに株式会社）
「園行事　資料と展開」阿部直美編著（株式会社チャイルド本社）

行事の前に読み聞かせ　**年中行事のお話 55**

2009 年 2 月　初版第 1 刷発行

著作者　**深山さくら** ©Sakura Miyama 2009
発行人　浅香俊二
発行所　株式会社チャイルド本社
〒 112-8512　東京都文京区小石川 5-24-21
電話 03-3813-2141（営業）　03-3813-9445（編集）
振替 00100-4-38410
印刷所　共同印刷株式会社
製本所　一色製本株式会社
ISBN　978-4-8054-0136-1
NDC　376　210 × 257mm　120P